Auto kaufen – aber richtig!

Expertentipps für den Käufer

Alle Rechte vorbehalten!
Jede Verwertung bedarf der ausdrücklichen
Zustimmung des Autors!

Inhalt

DER AUTOR 9

EINLEITUNG 11

1. VORBEREITUNG 17

Sehr umfangreiches Thema 18

CASH UND CO. 21

Barzahlung 22

Verstecktes Leasing 22

Finanzierung und oder Leasing 25

Finanzierung und Leasing 32

Grundlagen der Kalkulation 32

Sehr günstige Finanzierung 34

Cash für Sie! 39

Sicherheit beim Bezahlen 41

Eintauschprämie 47

Auto heute kaufen und später bezahlen 50

Aktion Geschäftswagen, Dienstwagen, Jahreswagen, Tageszulassungen 50

ERMITTELN SIE DEN WERT IHRES WAGENS 57

Spezielle Einrichtungen und Angebote 57

Internetangebote und andere Medien zur Preisermittlung 62

Ein sauberes Auto anbieten 63

FAHRZEUGAUSWAHL 64

Kriterien 64

Kraftstoffverbrauch 66

Schnell und sparsam fahren 69

Entwicklung der Technik 70

Motor: Entscheidung für die Zukunft 71

Hybrid- und Elektroantrieb...71

Persönliche Zufriedenheit 75

Ausstattung 76

Wo informieren? 79

Sinnvolle Probefahrt 83

Bedienung 84

Antrieb 85

Front- und Heckantrieb 85

Allradantrieb 86

Permanenter Allrad 88

Allrad zuschaltbar 91

Getriebe 92

Manuelle Schaltbox 93

Automatikgetriebe 94

Fazit 96

2. WO KAUFEN UND WARUM? 99

Prioritäten 99

Internetkauf 100

Neuwagengarantie und Kulanz 102

Billiger 104

Paket ist wichtig 106

Eigenimport 107

Händlerauswahl 108

Gebrauchtwagen 109

Sogenannter Privatmarkt 110

Schnäppchen aus dem Ausland 111

Vertrauensbildende Urkunden und Stempel 113

Zustandsprüfung als Laie 113

Unteres Preissegment - Möglichkeiten der Prüfung 114

Zustandsprüfung 116

Selbst ernannte Fachleute 117

Garantie 119

Bekannte Werkstatt, Bekanntenkreis 120

Fazit 121

3. BERATUNG UND KAUF 123

Erster Kontakt 124

Bequemer, schneller Abschluss 127

Barzahler ohne Gebrauchtwagen 130

Technische Bewertung 130

Überraschung bei der Abgabe des Wagens 131

Neue Rechnung 133

Vernünftige Lösung 135

Ein Fahrzeugangebot 135

Konkrete Fragen 136

Fragen und Einwände 138

Bessere Lösung bei anderem Fabrikat 139

Testberichte 140

Probefahrt 141

Alternative Fahrzeuge zur Probefahrt 143

Probefahrt als Entscheidungshilfe 144

Verhandlung am Schreibtisch 146

Weiter mit der Finanzierung 149

Auftragsbestätigung 151

Aktionen – Sonderangebote – alternatives Angebot ... 151

Gebrauchtwagenbewertung 154

Anwesend bei der technischen Bewertung 155

Technische Bewertung ohne Sie 157

Kaufmännische Bewertung am Computer 158

Preisverhandlung Inzahlungnahme 162

Abschluss mit Finanzierung und
Gebrauchtwageninzahlungnahme 164

Gebrauchtwagenkaufverhandlung 166

Garantie und Gewährleistung 170

Übergabeinspektion 170

Fazit 172

Der Autor

Der Autor des Buches

>Auto kaufen - aber richtig!
>Expertentipps für den Käufer

ist seit vielen Jahren in der Automobilbranche tätig.

Er hat das Automobilgeschäft von Grund auf erlernt. Zuerst im technischen Bereich mit der Prüfung zum Kfz-Meister, danach als Verkäufer direkt am Kunden. Außerdem sammelte er als Vorgesetzter vieler verschiedener Kollegen wertvolle Erfahrungen in diesem Geschäft. So lernte er die verschiedenen Charaktere kennen, die sich im Automobilverkauf tummeln und mehr oder weniger ernsthaft und verantwortungsvoll die Kunden bedienen und beraten.

Der Autor hat selbst viele Automobile verkauft und viele Probleme erlebt, die in diesem Geschäft vorkommen können. Von seinen Erfahrungen und Lösungen werden Sie mit diesem Buch profitieren.

Jetzt ist er erfolgreich als Berater und Personaltrainer in verschiedenen Branchen, aber überwiegend im Automobilhandel tätig.

Einleitung

Mit diesem Buch möchte ich Ihnen eine Hilfe an die Hand geben, damit Sie relativ sicher zum besten Ergebnis kommen. Ich schreibe über alle Themen, die in diesem Geschäft vorkommen können! Sie sollen vor Überraschungen oder unbekannten, teuren Situationen verschont bleiben!

Sie können die Kapitel oder Abschnitte so lesen, wie es Ihnen gefällt. Allerdings sollten Sie schon den gesamten Text lesen, weil zwischendurch immer wieder Situationen mit dem Verkauf beschrieben werden die gerade passen, die für Ihren Erfolg sehr wichtig sind! Auch beschreibe ich Fragen zur Autotechnik so, dass Sie auch als Laie damit umgehen können. Was bedeutet Drehmoment bei einem Motor? Das sollten Sie aus meiner Sicht wissen, darum beschreibe ich das! Keine wissenschaftlichen Formeln, sondern wie Sie daraus Vorteile ziehen können!

Bei der Finanzierung, damit beginne ich, gibt es viele Fallstricke und Tricks der Verkäufer, die Sie kennen sollten, damit ein günstiges Angebot in der Werbung für Sie auch ein günstiges Angebot bleibt! Außerdem beschreibe ich ein Thema, wie Sie ein Auto kaufen, Ihren Inzahlung geben und obendrein den teuren Dispo ablösen können! Das geht nicht! Lesen Sie nach!

Wie finden Sie das richtige Auto für sich? War das bisherige Auto das richtige? Ich helfe Ihnen dabei, die Entscheidung für den nächsten Wagen nicht aus dem Bauch heraus zu treffen, sondern qualifiziert das richtige Auto zu finden. Da können sich so mache Überraschungen ergeben!

Muss mein Auto wirklich voll sein mit jeglicher Ausstattung? Was brauche ich wirklich? Wie komme ich günstig zur optimalen Ausstattung für meine Zwecke? Wie verhält sich das mit den Kosten? In der Anschaffung, im Betrieb und beim Wiederverkauf?

Lauter wichtige Themen, die Sie kennen sollten, bevor Sie sich einem Autohaus ausliefern!

Ich habe hier das Rad nicht neu erfunden! Viele Themen werden Ihnen bekannt vorkommen, einige werden neu für Sie sein. Ich habe einfach alles aufgeschrieben, wo ich denke, dass es für einen Käufer hilfreich sein kann.

Ich lege auch sehr großen Wert auf Ihre Vorbereitung! Es geht um viel Geld, also sollten Sie sich schon gut vorbereiten! Dieses Buch hilft Ihnen dabei!

Was passiert da?

Der Kauf eines Fahrzeugs ist für viele nach wie vor eine Entscheidung und Investition mit weitreichenden Auswirkungen. Vor allem aus dem Grund, weil sich Ihr Einsatz, Ihr Kapital sehr schnell verringert. Wenn Sie heute einen Neuwagen zulassen, dann verliert er noch bevor Sie die Zulassungsstelle verlassen haben enorm an Wert.

Nicht nur die erste Investition reißt ein Loch ins Budget, sondern auch die Folgekosten sind nicht zu verachten, betrachtet man die einschlägigen Aufstellungen und Statistiken oder auch die persönlichen Erfahrungen. Diese Anschaffung muss sehr gut überlegt und durchdacht sein, will man sich nicht über Jahre hinweg seinem geliebten Auto finanziell ausliefern.

Wie macht man das, ein Auto kaufen? Die Frage ist vor allem, wie macht man es richtig? Was gibt es im Vorfeld zu bedenken? Worauf muss man achten? Wie entwickelt sich meine Entscheidung von heute im Lauf der Zeit?

Wie oft kaufen Sie ein Auto in welchen Abständen? Sind Sie ein Profi in diesem Geschäft? Kennen Sie alle Tricks der Verkäufer? Ist ein Sonderangebot wirklich ein gutes Angebot, immer? Was ist mit meinem jetzigen Wagen, was ist der noch Wert? Was mache ich damit? Privat anbieten? Wie erkenne ich einen guten Verkäufer? Was ist ein guter Verkäufer?

Die Verkäufer werden regelmäßig geschult, in allen möglichen Bereichen. Es geht um den maximalen Abschluss zugunsten der Firma. Psychologische Trainingseinheiten mit sehr hohem Aufwand sollen helfen, die Schwachpunkte der Kunden zu erkennen und zu nutzen. Hohe Vorgaben, permanente Kontrollen und Leistungsgespräche zwingen den Verkauf zu hohen Stückzahlen, egal, ob der Kunde zufrieden sein kann oder nicht. Da geht schon einmal ein Fahrzeug über den Tisch, das für den Kunden überhaupt nicht passt, ihn finanziell an seine Grenzen treibt oder er sie sogar überschreitet.

Dann gibt es noch alle möglichen und unmöglichen Angebote. Finanzierungen mit 0,00% sind keine Ausnahme mehr, sondern die Regel. Sondermodelle sind bestehende Angebote, man muss nur auf das richtige warten, es dauert nicht sehr lange, dann ist auch für Sie das passende Angebot dabei. Rabatte bis zu 30% und mehr sind bald an der Tagesordnung, sagen die Medien. Hohe Preisvorteile von € 10.000 und noch mehr versprechen keine spitzenmäßigen Verkaufserfolge, weil tagtäglich damit geworben wird. Inzahlungnahmeprämien sollen von der Mühe, den Gebrauchten selbst zu verkaufen, befreien. Man meint es dem Kunden nur gut. Wirklich?

Wie kommen Sie als Käufer in diesem Dschungel zurecht? Wie finden Sie tatsächlich das richtige Paket für Ihren Bedarf oder für Ihre Vorlieben? Wie verhindern Sie hohe Verluste in der Zukunft? Barzahlung, Leasing oder Finanzierung, was ist die richtige Entscheidung? Eine Frage von weitreichender Bedeutung für Ihre finanzielle Zukunft.

Sie als Kunde, als der wichtigste Faktor in diesem teuren Spiel, werden allein gelassen. Wer schult Sie? Wo bekommen Sie wirklich wertvolle Tipps und Ratschläge, die das gesamte Spektrum erfassen und nicht nur raten, dass Sie dem höchsten Rabatt hinterherjagen sollen?

Diese Fragen und noch viel mehr möchte ich mit Ihnen in diesem Ratgeber besprechen. Sie sollen erkennen, anhand von klaren Empfehlungen, wie Sie zu dem für Sie günstigsten Angebot kommen, wie Sie vernünftige Verkäufer erkennen und in der Zukunft mit Ihrem Wagen nicht Schiffbruch erleiden.

Es geht nicht immer um den höchsten Rabatt, um den höchsten Preis für Ihren Gebrauchten, es geht um das Paket, das Sie erwerben. Hier kann es schon einmal vorkommen, dass Sie für Ihre Anschaffung vermeintlich ein paar Euro mehr bezahlen als bei der Konkurrenz, in der Summe aller Aspekte, Sie aber wesentlich besser fahren.

als nur mit einem hohen Nachlass.

Wie das funktioniert, werden wir auf den folgenden Seiten besprechen. Ich wünsche Ihnen jetzt schon viel Erfolg bei Ihrem nächsten Autokauf.

1. Vorbereitung

Warum soll ich mich vorbereiten? Um keine bösen und teuren Überraschungen zu erleben! Es ist, wie immer im Leben, sehr sinnvoll sich gut vorzubereiten. Es geht um viel Geld. Geld, das Sie schwer verdient haben oder noch verdienen müssen im Falle einer Finanzierung oder auch beim Leasing. Sie dürfen nicht vergessen, dass Ihr Gegenüber, der Verkäufer oder die Verkäuferin, regelmäßig geschult und trainiert werden. Diesen Vorteil der anderen Seite können Sie mit ein wenig Vorbereitung und Unterstützung durch dieses Buch egalisieren. Sie sollen in der Lage sein, die Angebote auf alle Details zu prüfen. Die einzelnen Stufen im Verkauf dürfen Sie nicht überraschen, Sie sollen darauf vorbereitet sein. Es geht um Ihr Fahrzeug, das Sie in den nächsten Jahren nutzen werden. Da sollte man vorher schon etwas Zeit investieren, um auf der sicheren Seite zu sein. Viele Testkäufe in allen möglichen Medien zeigen, dass die Empfehlungen und Angebote der Händler nicht immer optimal sind. Auch diese Ergebnisse zeigen sehr deutlich, dass es besser ist, gut vorbereitet zu sein.

Ich geh da hin, kauf ein Auto und aus. Wenn Sie das so machen und es funktioniert für Sie zufriedenstellend, dann machen Sie so weiter. Dann müssen Sie sich nicht mit diesem Buch und meinen Ratschlägen, Empfehlungen plagen. Gehen Sie lieber mit Ihrem Partner ins Kino da haben Sie mehr davon. Ich mein' das nicht böse.

Sollten Sie aber schon einmal ein Auto gekauft haben, und es hat nicht so funktioniert, wie Sie sich das vorgestellt hatten, dann sollten Sie dringend weiterlesen. Auch wenn Sie zum ersten Mal ein Auto kaufen und keine Erfahrung haben, dann ist es sehr wichtig, dieses Buch zu studieren.

Sollten Sie ein Auto gekauft haben und alles war in Ordnung, Sie waren oder sind zufrieden, was dann? Dann lesen Sie weiter! Vielleicht, ganz sicher sogar, sehen Sie Ihre bisherigen Entscheidungen in Zukunft ganz anders. Sie haben dann wirklich ein gutes Gefühl bei der Sache und auch Ihr Freund bringt Sie mit seinem Neid, blödem Gerede, nicht aus der Ruhe.

Studieren nicht ohne Grund, obwohl es sich um keine Wissenschaft handelt. Aber dieses Thema ist so umfangreich, dass nur pures lesen Sie wahrscheinlich nur zum halben oder viertel Erfolg führt. Der Rest ist Verlust. Verlust an Geld, Zeit und guter Laune. Und ein Auto, das nicht dem entspricht, was Sie hätten haben können.

Sehr umfangreiches Thema

Warum ist dieses Thema so umfangreich? Ich weiß doch so ungefähr, was ich brauche oder möchte?

Um nicht überrascht zu werden im Gespräch mit dem Verkäufer, vor unbekannten Situationen zu stehen oder

Entscheidungen treffen zu müssen, deren Auswirkungen Sie im Moment nicht abschätzen können, ist es nötig, alle möglichen Stationen im Verlauf der Verkaufsverhandlung durchzuspielen und zu kennen.

Welches Fahrzeug möchten Sie wie lange fahren? Wofür benötigen Sie es heute und in drei, vier Jahren? Es soll sparsam sein und langlebig, zugleich aber sehr schnell und kostengünstig. Sie möchten damit ein bisschen zeigen, was Sie haben? Ich liebe Cabrios! Ich mag es praktisch! Es soll schön sein! Ich liebe diesen kleinen Flitzer! Ein „Frauenauto?"

Sie sehen, es ist gar nicht so leicht, sich für ein Fahrzeug zu entscheiden, wobei diese Aufzählung noch lange nicht vollzählig ist. Meistens wissen Sie aber, was Sie wollen oder brauchen. Wenn es aber gravierende Unterschiede gibt, zu dem, was Sie brauchen und was Sie wollen, was dann? Sie brauchen ein familiengerechtes Fahrzeug, hätten aber gern einen flotten Sportwagen? Dann sollten Sie sich für die Auswahl mehr Zeit lassen. Es gibt heute Fahrzeuge, die vereinen beide Seiten unter einer Karosserie. Sehen Sie sich nur um!

Welchen Motor soll der Neue haben? Benzin, Diesel, Hybrid, Elektro oder Gas. Welche Rolle spielt der Umweltschutz in Ihren Überlegungen? Der Wiederverkauf, die Folgekosten, die Farbe und die Ausstattung über Jahre hinweg? Ein Front- Heck- oder Allradantrieb soll es sein? Warum?

Was tun Sie mit Ihrem jetzigen Fahrzeug? Behalten, privat verkaufen oder dem Händler geben? Was ist der Wert? Wo bekomme ich am meisten? Ist der schon bezahlt oder läuft noch eine Finanzierung oder ein Leasing?

Wie möchte ich bezahlen? Wie viel Geld habe ich für den Autokauf? Bar und mein jetziger Wagen?

Soll er neu oder gebraucht, ein Jahres-Werks-WA-Miet- oder Re-Importwagen sein. Was sind die Vor- und Nachteile dieser Auswahl?

Wo möchte, soll ich kaufen? Im Internet, beim Fabrikatshändler vor Ort, bei einem freien Händler, suche ich in der Zeitung von privat? Was tun?

Wie wichtig ist der Service für mich?

Warum ein anderes Auto?

Wofür benötigen Sie dieses Fahrzeug? Diese Frage wird noch am leichtesten zu beantworten sein.

Auf den folgenden Seiten befassen wir uns eingehend mit den oben genannten Themen und beantworten viele Fragen.

Cash und Co.

Beschäftigen wir uns gleich zu Anfang mit der wichtigsten Frage: Wie möchten Sie bezahlen? Oder, wie können Sie bezahlen? Welche Angebote der Finanzierung gibt es im Markt? Bei den Händlern oder bei den Banken? Wir sollten noch wissen, ob wir uns für einen Neu- oder Gebrauchtwagen interessieren oder offen halten und sehen, was günstiger ist. Ein Jahreswagen mit einer 8,9%-Finanzierung kann unterm Strich teurer sein, als ein Neuwagen mit 1,9% Zinsen!

Welche Möglichkeiten haben Sie zur Finanzierung des Fahrzeugs? Bar, der bisherige Wagen, dessen Wert Sie bisher nicht kennen, richtig einschätzen können? Eine Finanzierung oder Leasing? Eine Kombination aus allem?

Nach dieser Analyse wird sich wohl der Preis des Fahrzeugs bestimmen lassen und die Kategorie, in der wir uns bewegen. Je nach Klasse natürlich. Es gibt Fahrzeuge, die kosten als Gebrauchte, 8 Jahre alt und über 100.000 km auf dem Tacho noch mehr, als ein neuer Kleinwagen mit allen Extras. Sie sollten sich erst die Klasse aussuchen in der Sie kaufen wollen und dann mit den Finanzen vergleichen. Nur weil Sie wenig Bares zur Verfügung haben, heißt das nicht, dass Sie auf Ihren Wunschwagen verzichten müssen. Mit 20% Anzahlung oder weniger sind Sie heute meistens der King bei den Verkäufern. Jeder Hersteller hat Angebote zu diesen Konditionen, ein sicherer Arbeitsplatz erleichtert die Zusage der Herstellerbank ungemein.

Barzahlung

Sehen wir uns einmal an, was passiert, wenn Sie bar bezahlen wollen. Sie denken, Sie sind der Größte, weil Sie dem Verkäufer € 40.000 auf den Tisch legen können und wollen deshalb 14% Rabatt! Worüber soll sich der Verkäufer freuen? Bei den meisten Händlern wird seine Provision für eine warme Suppe reichen, zu mehr nicht. Andererseits gibt es ein Programm des Herstellers, dass die Finanzierung bezuschusst und er deutlich mehr verdient als bei Ihrem Angebot. Er wird zwar auch hier am Nachlass, an den Kosten beteiligt, aber nicht in der Höhe wie oben genannt.

Verstecktes Leasing

Ich kenne Autohäuser, bei denen der Kunde denkt, Barzahler zu sein, und in Wirklichkeit hat er einen Leasingvertrag abgeschlossen, bei dem der Händler wesentlich besser fährt, als wenn der Kunde tatsächlich bar bezahlt. Das geht doch gar nicht! Natürlich geht das! Sie unterschreiben einen Vertrag, ein Stück Papier, das Sie nicht gelesen haben. Das wird sehr geschickt eingefädelt, auch kein Problem bei der Fülle an Unterlagen, die zu unterschreiben sind, wenn da ein Vertrag mehr liegt. Aber ich habe doch bar bezahlt, wie geht das denn? Ganz einfach, der Händler bezahlt die Rate von seinem Konto in Ihrem Namen. Für die Nutzung ist das kein Problem, solange nichts passiert. Bei einem Unfall kann es problematisch werden, wenn Sie aus irgendeinem Grund nicht in dieses Haus gehen, auf einer Urlaubsreise zum Beispiel. Oder, wenn der Händler Ihres Vertrauens seine Pforten für immer schließt, dann sind Sie in der Pflicht, diesen Vertrag weiterhin zu erfüllen. Ihre Barzahlung ist weg, in der Insolvenzmasse verschwunden oder schon vorher im Geschäftsbetrieb untergegangen.

Lesen - lesen - lesen - unterschreiben

Lesen Sie durch, was Sie unterschreiben, wenigstens die Überschriften. Ich rate Ihnen dringend die Unterlagen zu prüfen, bevor Sie unterschreiben. Es kann sich zum Problem für Sie entwickeln, wenn Sie einen Kredit bei Ihrer Bank beantragen und den nicht bekommen, weil Sie schon € 20.000 als Belastung in Ihrer Auskunft stehen. Mit dem Einkommen reicht es nicht zu einem weiteren Kredit. Außerdem haben Sie Ihrer Bank den laufenden Leasingvertrag verschwiegen, dass macht kein gutes Bild im Moment.

Warum schreibt der über dieses Thema? Es ist doch bekannt, dass ich alles, was ich unterschreibe, auch lesen muss! Sehr viele tun es nicht! Deshalb schreibe ich über dieses Thema. Sehr viele Kunden haben Vertrauen zu Ihrem Verkäufer und unterschreiben, was er ihnen vorlegt. Das wird sehr geschickt eingefädelt, er baut ein Vertrauensverhältnis auf, das nicht gerechtfertigt ist. Außerdem ist es peinlich, den netten Verkäufer zu kontrollieren. Waren Sie selbst schon in einer ähnlichen Situation? Beim Abschluss einer Versicherung vielleicht? Ich war selbst im Verkauf sehr lange Zeit tätig. Was die

Kunden alles unterschrieben haben, wundert mich heute noch! Allerdings war das bei mir kein Problem, weil ich mich an alle Vereinbarungen, auch mündliche, gehalten habe und sogar noch mehr tat, als vereinbart war. Viele Verkäufer tun das nicht, achten Sie also darauf!

Wie heißt das so schön: Vertrauen ist gut, Kontrolle ist besser!

Zurück zum Barzahler. Natürlich nimmt jeder Händler gern Bargeld. Es gibt auch Aktionen der Hersteller, die den Barzahler nicht schlechterstellen als den Finanzierer. Sondermodelle sind so ein Fall. Aber in der heutigen Zeit sind diese Aktionen meistens auch mit Finanzierungsangeboten versehen. Überlegen Sie sich vorher, was Sie tun möchten. Einfach das Geld auf den Tisch knallen, das zieht heute nicht mehr.

Wundern Sie sich auch nicht, wenn der Verkäufer nicht auf die Knie fällt, wenn Sie ihm unterbreiten, dass Sie bar bezahlen. Er weiß schon, was kommt: Der Kunde will Rabatt, Rabatt, Rabatt und nochmals Rabatt. Wenn er dann mit dem Rabatt fertig ist, dann will er noch kostenlose Zugaben in beträchtlicher Höhe.

An diesem Punkt, beim Einstieg in die Verkaufsverhandlung, schon bei der Begrüßung, **ist es sehr wichtig, dass Sie sich mit Informationen zurückhalten**. Erzählen Sie nicht zu viel, warten Sie ab, dann sind Sie in der besseren Position. Das gilt für jede Art des Geschäfts und für jede Art von Fahrzeug.

Auch als Barzahler sollten Sie sich mit den Angeboten der Herstellerbanken beschäftigen. Eine Finanzierung mit 1,9% Zins, Geldanlage zu 4%, das ist doch ein gutes Geschäft! Außerdem bleiben Sie flüssig, können in anderen Bereichen reagieren. Ich möchte Sie nicht zur Finanzierung animieren, Zinsen müssen Sie trotzdem bezahlen, aber wenn Sie das Geld anlegen, über die gesamte Laufzeit, dann können Sie dabei verdienen.

€ 10.000 finanziert zu 1,9%, das macht im Jahr € 103 Zinsen, denselben Betrag mit 4% angelegt, das macht € 400 für Sie. € 297 verdient, im Jahr, nur weil Sie ein Fahrzeug finanziert haben.

Es ist heute kein Makel mehr, wenn jemand etwas finanziert. Also ist es auch kein großer Vorteil, wenn jemand bar bezahlt. „Aber der Händler hat doch mein Geld sofort in der Kasse," könnte man sagen und das als Vorteil darstellen. Er macht die Finanzierung nicht selbst, er vermittelt an eine Bank und hat nach zwei Wochen sein Geld. Das geht oft schneller, als wenn das Fahrzeug nicht bezahlt wird, weil der Kunde überweist und das erst nach vier Wochen tut.

Finanzierung und oder Leasing

Es wird sehr viel von Leasing gesprochen, von allen möglichen Aktionen. Da gibt es Fahrzeuge der Oberklasse, die im Leasing nicht wesentlich teurer sind als ein Mittelklassewagen, wenn überhaupt. Wie geht das? Der Hersteller hat ein Problem mit dem Absatz dieser

Fahrzeuge und versucht so, sie in den Markt zu bringen. Mit sehr günstigen Leasingraten, die der Hersteller bezuschusst.

So verhalten sich auch andere Hersteller, die mit dem Absatz ihrer Wagen ein Problem haben. Umso mehr Aktionen ein Anbieter fährt, umso schlechter sind die Wagen, ist die Qualität? Kann man das so sagen? Verallgemeinern? Nein, sicher nicht! Aber es gibt schon gute Gründe, warum der Markt, der Käufer die Autos nicht annimmt. Sie sind nicht schön, sie haben einen schlechten Ruf, schlechte Kritiken, sie passen nicht in den Markt, der Nutzen ist gering und so weiter. Aus diesem Grund sollten Sie vorher wissen, was für Sie wichtig ist!

Dieses Thema behandeln wir später noch ausführlich. Jetzt nur soviel: Wenn es Ihnen egal ist, welches Auto Sie fahren, dann suchen Sie gezielt nach diesen besonderen Angeboten und picken Sie sich das Beste heraus. Da können Sie dann die Garantien, den Verbrauch, den Nutzen für Ihren persönlichen Bedarf und die Testberichte vergleichen, um aus diesen Angeboten das für Sie günstigste auszuwählen. Dass bei diesen Fahrzeugen, die verramscht werden, auch der Wertverlust extrem ist, sollten Sie noch bedenken! Allerdings kommt es darauf an, welche Basis Sie für diese Berechnung des Wertverlustes ansetzen. Den Preis in der Liste, das tun die meisten, oder den Preis, den Sie bezahlt haben.

Wenn Sie für ein Fahrzeug mit einem aktuellen Listenpreis von € 20.000 nur € 17.000 bezahlt haben, dann müssen Sie diesen Betrag als Basis für die Berechnung ansetzen. Wenn Sie dann nach zwei Jahren noch € 12.000 bekommen, dann liegt der tatsächliche Verlust bei € 5.000 und nicht bei rechnerischen € 8.000, bezogen auf den Listenpreis.

Bei den Preisen, die die Hersteller für Ihr Angebot laut Liste verlangen, ist es kein Wunder, dass ca. 80% der Fahrzeuge auf irgendeine Weise finanziert werden. Allerdings wurden nicht nur die Preise erhöht, so darf man das nicht sehen. Ein Fahrzeug in der Grundausstattung ist bei den meisten Anbietern komplett ausgestattet. Wenn nicht, dann gibt es bestimmt ein Sondermodell mit fast allen Finessen. ABS, zu seinen Anfängen für € 2.000, eine Klimaanlage auch zu diesem Preis, Leichtmetallfelgen für € 500, Airbags sehr teuer, Servolenkung und Zentralverriegelung waren ebenfalls nur gegen Aufpreis zu haben. Es gab Zeiten, da mussten sogar der rechte Außenspiegel und der Rückfahrscheinwerfer extra bezahlt werden. Mit den Fortschritten bei der aktiven und passiven Sicherheit, dem Umweltschutz und den längeren Garantien müssen wir uns nicht extra beschäftigen, es gibt sie in Hülle und Fülle! Trotz aller Fortschritte bei der Ausstattung sind die Fahrzeuge sehr hoch im Preis. Wie lange müssen Sie sparen, arbeiten, um € 30.000 auf die hohe Kante für ein Auto zu bekommen? Wenn Sie nach Jahren soweit sind, dann ist das Auto teurer, Ihr jetziger Wagen wesentlich weniger Wert, es klafft eine Lücke. Das Sparen beginnt von vorn. Wann erreichen Sie Ihr Ziel?

Eine vernünftige Finanzierung oder überhaupt eine Finanzierung kommt da sehr gelegen. Sie sparen bei den

Reparaturen für Ihren alten Wagen, die Technik ist weiter, besser und moderner, der Verbrauch günstiger, das Abgasverhalten hat sich verbessert usw. Es gibt schon Vorteile, auch monetärer Art, wenn man sich einen jüngeren Wagen anschafft.

Es ist nicht möglich, an dieser Stelle auf alle Angebote einzugehen. Allerdings ist es in der Regel so, dass eine Finanzierung für die private Nutzung günstiger ist als ein Leasing. Warum? Bei der Finanzierung erwerben Sie Eigentum mit jeder Rate, die Sie bezahlen. Beim Leasing, und das ist der Gedanke, bezahlen Sie für die Nutzung. Das ist doch schön. Wenn ich nur für die Nutzung bezahle, dann muss ich das Auto auch nicht waschen und kann fahren, soviel ich will. Eben nicht, Sie bezahlen für die vertragsgemäße Nutzung des Wagens. Die Kilometer sind begrenzt, der Zustand muss wenigstens dem üblichen eines Fahrzeugs dieses Alters bei Rückgabe entsprechen. Die Dellen, die bei Ihnen üblich sind, wird der Händler bei der Rückgabe des Wagens nicht so sehen. Die 20.000 km, die Sie zu viel gefahren sind, wird er auch nicht akzeptieren. Sie müssen für die Schäden und die Kilometer bezahlen. Das können Sie ab und an in der Zeitung lesen, dass es wieder zu einer Gerichtsverhandlung kam, weil sich beide Parteien nicht über den Rückgabepreis einig werden. Und hier geht es oft um einige Tausend Euro.

Beim Leasing und auch bei der Ballonfinanzierung, Finanzierung mit Restrate, muss der Zustand des Wagens den vertraglichen Vereinbarungen entsprechen. Für Differenzen haften Sie als Nutzer. Lesen Sie in den Vertragsbedingungen, Kleingedrucktes, vor allem die Modalitäten über die Rückgabe des Fahrzeugs und die Laufleistung. Sie können streiten, soviel Sie wollen, wenn der Händler ein Gutachten erstellen lässt, dann ist das die Grundlage für die Rückgabe!

Der Preis stand doch von vornherein fest. Und der Verkäufer sagte, dass das nicht so eng gesehen wird. Der Verkäufer Ihres Vertrauens ist nicht mehr da oder gerade in Urlaub oder kann sich nicht erinnern, er weiß nur, dass er solche Zusagen nicht macht. Dabei sagten Sie ihm doch, beim Abschluss des Leasingvertrags, dass Sie wesentlich mehr Kilometer fahren als bei dem Angebot berücksichtigt. Hätte er Ihre Fahrleistung kalkuliert, wäre die Rate wesentlich höher ausgefallen und er hatte Angst, dass Sie dann nicht bei ihm kaufen. Den höheren Betrag für die Laufleistung müssen Sie jetzt nachzahlen und die Reparaturen obendrauf. Sie sind in der schlechteren Position, da Sie das Fahrzeug zurückgeben wollen. Sie können zwar versuchen, das Auto zu kaufen, aber macht das Sinn? Außerdem, wie hoch ist der Wert des Wagens? Stimmt der Restwert? Ist die Kalkulation von damals noch marktgerecht? Die Raten sind niedriger als bei einer Finanzierung, das stimmt! Wenn Sie dieselbe Laufzeit ansetzen und nur die Rate vergleichen.

Bei der üblichen Finanzierung ist der restliche Kaufpreis, also minus Anzahlung, für die Berechnung die Grundlage. Beim Leasing oder auch bei der Ballonfinanzierung wird der Restwert in der Tilgung nicht berücksichtigt. Sie bezahlen nur für den restlichen Betrag dazwischen Zins und Tilgung. Stimmt das? Nein! Sie bezahlen für den gesamten restlichen Betrag Zinsen, für den Betrag der nach Abzug der Anzahlung als Differenz bleibt! Da aber ein Rückkaufswert vereinbart wurde, tilgen Sie nur die Differenz, die Rate wird niedriger als bei einer Finanzierung auf null. Sie sind gebunden, das Fahrzeug an diesen Händler zurückzugeben, wo Sie ihn gekauft haben. Wenn Sie mit ihm nicht klarkommen, dann haben Sie in der Regel das Problem. Bei einer Finanzierung auf null, gehört der Wagen am Schluss Ihnen, Sie können damit tun, was Sie wollen.

Wenn Sie von einer bestimmten Rate ausgehen, die Sie sich vorher sehr gut überlegt haben, eine kleine Reserve kalkulieren und wissen, dass noch die Kosten für die Zulassung, die Steuer und die Versicherung mit Vollkasko in kurzer Zeit auf Sie zukommen, dann fragen Sie doch nach einer längeren Laufzeit. Anstatt 36 vereinbaren Sie 48 oder 60 Monate. Die Rate wird niedriger, Sie erwerben mit jeder Rate anteilig Eigentum an dem Wagen und können spätestens am Ende der Finanzierung frei über den Wagen verfügen. „Ich will ihn aber nur drei Jahre fahren", sagen Sie. Das sollte normalerweise kein Problem sein. Viele Herstellerbanken sind bereit, die Kunden vorher aus dem Vertrag zu lassen, nicht immer ohne Kosten, aber doch zu einem vernünftigen Preis.

Anders sieht es aus, wenn Sie wieder ein Fahrzeug kaufen und eine neue Finanzierung bei dieser Bank abschließen, dann werden oft keine Gebühren fällig. Das funktioniert bei jedem Händler dieses Fabrikats. Wenn Sie also mit dem Bisherigen nicht zufrieden sind, dann wechseln Sie den Partner. Auch ein Händler eines anderen Fabrikats kann das Auto ablösen, allerdings können Sie dann nicht mit Kulanz bei den Kosten, Vorfälligkeitsentschädigung, rechnen.

Sie sollten sich aber trotzdem vorher bei Ihrem Händler informieren, wie die Bank das in der Regel handhabt. Sehen Sie im Kleingedruckten nach, da gibt es einen Passus über eine vorzeitige Rückgabe und die Gebühren, die anfallen. Wichtig ist noch die Frage, was passiert mit der Finanzierung, gilt auch für Leasing, wenn das Auto gestohlen oder durch einen Unfall zum Totalschaden wird? Welche Kosten entstehen, wenn der Finanzierungsgegenstand nicht mehr brauchbar ist und Sie gezwungenermaßen vorzeitig den Kredit ablösen müssen? Sie sollten sich nicht abspeisen lassen, auch nicht mit der Aussage, dass schon nichts passieren wird und diese Kiste sowieso keiner klaut. Es geschehen die unmöglichsten Sachen. Nach einer Neuwagenübergabe sah ich meinen Kunden, wie er, fast ungebremst, in einen LKW knallte. Keine fünf Minuten nach der Auslieferung. Nur zur Info, beide Insassen kamen mit dem Schrecken davon, waren bis auf ein paar Kratzer unverletzt.

Finanzierung und Leasing

Finanzierung und Leasing? Das geht nicht! Das geht sehr gut! Sie leasen das Auto beim Händler und die Anzahlung finanzieren Sie bei Ihrer Bank. Passt! Zwei Raten, ein Auto, jede Rate für sich gesehen sehr günstig. Wie sieht es in der Summe aus? Leasing € 150, Bank € 100, Steuer, Versicherung, Vollkasko, Benzin. Rechnen Sie gut, ob Sie von diesem Konstrukt nicht besser die Finger lassen! Selbst wenn Sie „nur" das Konto für die Anzahlung überziehen, schränken Sie sich doch wesentlich ein. Bevor Sie zu dieser Art der Finanzierung greifen, sollten Sie sich lieber einen günstigeren Wagen aussuchen. Auch wenn der Verkäufer sagt: „Das wird schon gut gehen, glauben Sie mir!"

Grundlagen der Kalkulation

Egal wie Sie's machen, lassen Sie sich vom Verkäufer immer die Grundlagen der Kalkulation zeigen oder wenigstens sagen. Der Verkäufer spricht andauernd von 10% Rabatt. Die hat er Ihnen fest zugesagt. Beiläufig wollte er noch wissen, wie hoch den die Rate sein darf. Die Überraschung ist perfekt, wenn er in etwa Ihre Wunschrate erreicht. So ein Zufall! Das war letztes Mal auch schon so. Fragen Sie, wo in der Rechnung und in welcher Höhe der Rabatt auftaucht! Rechnen Sie nach! Kontrollieren Sie ihn. Das ist mir aber peinlich, der ist doch so nett. Zählen Sie beim Bäcker die Brötchen, achten Sie beim Metzger darauf, dass Sie den Daumen der netten Verkäuferin nicht mitbezahlen? Bei diesen Beispielen geht es um Cent, beim Auto schnell um ein paar Tausend Euro.

Wie er das macht? Er rechnet mit Ihnen den Preis für den Wagen aus. Dann zieht er die 10% ab und berechnet dann die Finanzierung. Wenn er in einer Nebenrechnung Ihre Wunschrate mit 6% Nachlass erreicht, dann kann es sein, dass Sie eben nur 6% bekommen und es nicht wissen, weil die Rate ja passt. Die Rate muss passen, wie oben schon besprochen. Aber mit 4% Rabatt mehr würde sie noch besser passen! Oder die Laufzeit wäre kürzer und die Zinsbelastung geringer. Ich sage nicht, dass alle Verkäufer diese Tour anwenden, aber es gibt ein paar Spezialisten, bei denen sollte man wirklich darauf achten! Sollte er ein Problem haben, die besprochene Kalkulation zu zeigen, dann sollten Sie mit diesem Verkäufer nicht weiter verhandeln!

Sie sehen es auch im zu finanzierenden Betrag, der höher ausfällt als bei der ursprünglichen Berechnung mit 10% Rabatt vom Listenpreis. Aber hier wird nicht mehr kontrolliert. Der Kunde glaubt dem Verkäufer, oft wegen der Peinlichkeit.

Beispiel:

Preis laut Liste beträgt € 20.000. 10% Rabatt sind € 2.000. Zu finanzierender Betrag entspricht € 18.000, Sie sehen das im Darlehnsantrag. Dann ist alles korrekt. Sollte der Finanzierungsbetrag höher sein, dann fragen Sie nach der Differenz. Es gibt hier keine vernünftige Erklärung, außer: "Das tut mir leid, da muss ich mich wohl vertan haben, ich werde das sofort korrigieren." Eine weitere Kontrolle ist angebracht und nicht peinlich! Es geht um Ihr Geld!

Sehr günstige Finanzierung

Der Verkäufer spricht immer von der sehr günstigen Finanzierung. Sagen wir 2% effektiv Zins im Jahr. Das heißt, dass Sie bei einem zu finanzierenden Betrag von € 10.000 im Jahr maximal € 108,65 Zinsen bezahlen. Maximal deshalb, weil Sie mit jeder Rate tilgen und sich der Finanzierungsbetrag verringert. Sie sehen sich die Unterlagen an und stellen fest, dass Sie bei einer Laufzeit von vier Jahren und einem Betrag von € 10.000 plötzlich Kosten von € 813,65 zu bezahlen haben anstatt € 413,65. Wie kommt das? Der liebe Verkäufer hat Ihnen einen Teil seiner Beteiligung zukommen lassen. Er hat seinen Gewinn um € 400 nach oben angepasst. Zu Ihren Lasten. Die Rate passt wie vereinbart, so wie besprochen. Allerdings nannte er die Rate erst nach seiner Berechnung. Es kann auch sein, dass die 2% Zins irgendwo auftauchen und in einer anderen Spalte, zum Beispiel getarnt als Finanzierungskosten oder Prämien, die € 400, die er darin versteckt. Achten Sie sehr sorgfältig auf irgendwelche Gebühren, Provisionen oder Kosten, die Sie nicht zuordnen können. Sollte es Unstimmigkeiten geben, Sie etwas nicht verstehen, dann fragen Sie! Das kostet nichts! Wenn Sie nicht fragen, dann kann es sehr teuer werden!

Oft ist es so, dass die Händler an diesen Sonderkonditionen beteiligt werden, und das nicht zu knapp. Man muss auch die Hersteller und deren Banken verstehen, nur von Rabatten und kostenlosen Zugaben kann keiner leben. Also wird ein Teil der Kosten auf den Händler umgelegt. Aus diesem Grund ist der Ablauf des Verkaufsgesprächs und die

Informationen, die Sie geben, sehr wichtig. Aber darüber sprechen wir später noch ausführlich.

Berechnungsbeispiel
Sehen wir uns folgenden Fall an: Sie möchten finanzieren. Der Verkäufer gewährt Ihnen als Barzahler, als der Sie ursprünglich auftraten, 10% Rabatt auf den Fahrzeugpreis in Höhe von € 20.000. Das macht € 2.000. Eine schöne Summe für einen schönen Urlaub. Das Finanzierungssonderangebot bei 2% gibt es allerdings nur ohne Rabatt.

Sie möchten € 10.000 finanzieren über eine Laufzeit von 48 Monaten. Rechnen wir mit einfachen Zahlen, der Zins beträgt € 413,65, die Rate € 216,95, die ist in Ordnung. Wenn Sie nun noch den verlorenen Rabatt von € 2.000 bedenken, dann verlieren Sie € 2.413,65, Rabatt und Zins, nur, weil Sie finanzieren müssen. Jetzt können Sie natürlich noch versuchen zu handeln, vielleicht gibt er noch etwas nach, aber in der Regel nutzt er die Situation aus, weil Sie sich als Finanzierer geoutet haben. Er weiß, dass Sie finanzieren müssen, vermutet das auf jeden Fall, er denkt, in der stärkeren Position zu sein. Sie können es noch bei einem anderen Händler oder Fabrikat versuchen, aber wenn Sie Ihre Auswahl gut überlegt haben, warum soll das Spiel von vorn beginnen?

Sprechen Sie den Verkäufer auf seine Beteiligung an. Bei welchem Zinssatz hat er keine Beteiligung. Bei welchem Zinssatz bekomme ich trotzdem die 10% Rabatt? Was

passiert dann? Es gibt Herstellerbanken, deren Normalzinssatz auch sehr günstig ist. Nehmen wir als Beispiel 5%. € 10.000, finanziert mit 5% ergibt einen Zins über vier Jahre von € 1.053,96, die Rate beträgt € 230,29. 10% Rabatt sind € 2.000. Sie sparen € 1.359,69 im Vergleich zu obigem Angebot mit Gesamtkosten in Höhe von 2.413,65.-. Wenn Sie die Finanzierung in 36 Monaten bezahlen können, dann sparen Sie € 1.624,21, weil durch die kürzere Laufzeit nur € 789,44 an Zins fällig werden, die Rate macht € 299,71. Sie können sparen, obwohl der Zinssatz höher ist!

Noch günstiger wird es für Sie, wenn Sie den Rabatt in die Finanzierung einbringen können, also nur € 8.000 finanzieren. 5% im Jahr ergeben € 843,19 Zins, die Rate € 184,23 bei einer Laufzeit von 4 Jahren. Bei 3 Jahren ein Zins von € 631,55, die Rate € 239,77. Zu den jeweiligen möglichen Ersparnissen bei diesen Beispielen mit € 10.000 oder € 8.000 müssen Sie noch die € 413,65 Zins bei der 2%-Finanzierung berücksichtigen, die Sie ja auch bezahlen

müssten. Die Mehrkosten entsprechen nicht dem gesamten Zins, sondern nur der Differenz!

Diese einfache Rechnung soll Ihnen den Weg aufzeigen, um zum günstigsten Abschluss zu kommen. Ganz genau vergleichen können Sie, wenn Sie sich die echten Zahlen nennen lassen. Bei einer Finanzierung auf jeden Fall die gesamten Kosten, die vergleichen Sie dann mit dem möglichen Nachlass. Die Differenz ergibt Ihre Ersparnis! Es ist auch kein Problem, wenn Sie den Verkäufer mit verschiedenen Zahlen rechnen lassen. Er gibt die Zahlen in seinen PC ein und schon hat er das Ergebnis. Sollte ihm das zu viel Arbeit sein, dann suchen Sie sich spätestens jetzt einen anderen Händler.

Auch Sie selbst können diese Berechnungen prüfen. Es gibt im Internet eine Reihe von Kreditrechnern, die Sie kostenlos nutzen können und die Ihnen helfen, das Angebot zu kontrollieren. Sie müssen nur die Zahlen eingeben und bekommen das Ergebnis.

Addieren Sie im Zweifel alle Zahlungen! Prüfen Sie sehr genau, es geht um Ihr sauer verdientes Geld!

Also sehen Sie gut nach, welche Angebote es gibt. Wichtig ist vor allem die Zahl unter dem Strich. Welche Kosten entstehen wirklich? Sind 1,9% auch wirklich 1,9% oder beteiligt Sie der Verkäufer an der Händlerbeteiligung und kommt durch die Hintertür mit zusätzlichen Gebühren oder Spesen. Sehen Sie sich vor allem die Summen in den Verträgen gut an. Sprechen Sie über jede Ungereimtheit, vor allem über Abweichungen zum Angebot.

Cash für Sie!

Sie möchten finanzieren, einen Wagen Inzahlung geben und Bares mit nach Hause nehmen! Das geht nicht! Das geht sehr gut!

Sehen wir uns die Vorgaben an! Sie möchten ein Fahrzeug zum Preis von € 20.000 kaufen und einen Teil, den Unterschied zum Preis Ihres Autos, finanzieren. Der Händler gibt Ihnen für Ihren Wagen € 10.000, damit sind Sie auch zufrieden. Der Zinssatz liegt bei 2%, das haben Sie bei der Fahrzeugauswahl schon berücksichtigt.

Da gibt es aber an anderer Stelle ein Problem mit Ihrem Konto, das Sie um € 4.000 überzogen haben und die freundliche Hausbank unfreundliche 12% Zinsen nimmt. 2% auf der einen Seite, 12% auf der anderen, kann man da was machen? Natürlich, Sie müssen sogar!

Meistens reicht bei der Finanzierung im Autohaus eine Anzahlung von 20% bequem aus. Es gibt auch Finanzierungen mit wesentlich weniger Anzahlung, einige sogar ganz ohne. Ihr Wagen ist noch € 10.000 Wert. Geben Sie nicht den gesamten Betrag als Anzahlung, sondern bei diesem Beispiel nur € 4.000, also die gewünschten 20%. Den Rest, € 6.000, lassen Sie sich ausbezahlen. Damit erledigen Sie den Dispokredit und die 12% Zinsen, außerdem haben Sie ohne Risiko ein Guthaben auf der Bank von € 2.000. € 4.000 Überziehung mal 12% ist € 480 Zins pro Jahr, € 4.000 mal 2% bei der günstigen Autobank € 80.- Zins. Sie sparen hier schon € 400 im Jahr und haben noch ein

Guthaben, das Sie in Reserve halten und zu einem höheren Zins anlegen können, als Sie bei der Autobank bezahlen.

Sie dürfen nur nicht vergessen, dass die Rate höher wird, Sie auf Ihre persönlichen Belastungsgrenzen achten müssen. Selbst bei einer 2%-Finanzierung und einer Laufzeit von 60 Monaten bei € 16.000 macht das zusätzlich ungefähr € 105 pro Monat. Die Rate steigt von ursprünglich € 175,28 auf € 280,44. Vergessen Sie das nicht, beachten Sie diesen Punkt sehr genau. Allerdings sparen Sie den Zins vom Dispo und mit den Guthabenzinsen, wenn Sie das restliche Geld angelegt haben, können Sie wenigstens einen Teil der höheren Rate ausgleichen. Sie sind aber nach 60 Monaten schuldenfrei, was bei einem überzogenen Konto nicht unbedingt der Fall ist, vor allem, wo noch zusätzliche Belastungen durch die Autorate dazukommen.

Machen Sie dem Verkäufer Ihres Vertrauens diesen Vorschlag und achten Sie auf seine Antwort. Da werden Sie die unmöglichsten Aussagen hören, weil sich die Kollegen mit dieser Art von Kundenservice noch nicht beschäftigt haben. Viele werden ablehnen und vielleicht den Autor dieses Buchs für verrückt erklären, den Sie ruhig angeben dürfen. Aber dieses Modell funktioniert sehr gut zum Vorteil aller Beteiligten! Sollten Sie also einen Kredit auf diese Art tilgen wollen, dann suchen Sie sich einen Händler, Verkäufer, der das auch macht und die Chancen für beide Seiten erkannt hat. Ich selbst habe das oft mit meinen Kunden praktiziert, die mir sehr dankbar waren, dass ich ihnen diese Möglichkeit angeboten habe. Über die viel beschworene Kundenbindung müssen wir uns hier nicht unterhalten, die kommt von allein.

Dass diese Finanzierung keine zusätzlichen Gebühren oder Kosten verursacht, außer die höhere Summe und der längeren Laufzeit muss jedem klar sein. Auch der Wert des Gebrauchten ändert sich nicht. Es betrifft auch keine Prämien oder Zugaben des Herstellers. Die bleiben voll erhalten!

Vergessen Sie nicht auch hier den Rabatt und den Zins abzuklopfen, so wie oben beschrieben. Viele vergessen diesen Weg, weil sie schon sehr zufrieden sind, weil sie Bares mit nach Hause nehmen. Nutzen Sie jede Möglichkeit, um zu sparen. Auch ein Zins mit 5% ist deutlich günstiger als einer mit 12% von der Hausbank. Wenn dann noch Rabatt obendrauf kommt, dann wird das ganze Spiel für Sie noch günstiger!

Sicherheit beim Bezahlen

Viele Autohäuser haben große Probleme mit der Liquidität, das heißt, sie haben zu wenig flüssige Mittel, um allen Zahlungen fristgerecht nachzukommen. Das führt so weit, dass einige regelmäßig Gefahr laufen, in die Insolvenz zu gehen.

Da es Probleme mit dem Geld gibt, versucht man diese Lücke mit Anzahlungen oder Vorauszahlungen der Kunden zeitweise zu schließen. Andere Rechnungen werden bezahlt mit Ihrem Geld. Das ist egal, wenn genug da ist, aber das ist eben nicht der Fall! Viele Autohäuser sind von der Bank verpflichtet, die Kfz.- Briefe Zug um Zug abzulösen, weil die Fahrzeuge sicherungsübereignet sind. Er muss, wenn er den Fahrzeugbrief braucht, das Auto sofort bezahlen. Kann er das nicht, trotz Ihrer Vorauszahlung, dann haben im Zweifel Sie ein Problem, weil die Zulassung und somit die Auslieferung nicht funktionieren. Ohne Papiere keine Zulassung. Der Termin zur Auslieferung wird mit allen möglichen Ausreden verschoben. Manchmal kommt es sogar vor, dass die Wagen mit Kurzzeitkennzeichen ausgeliefert, beziehungsweise übergeben werden. Sie haben dann zwar das Auto zur Nutzung, Sie fahren damit, haben aber kein Eigentum erworben, es gehört noch immer der Bank. Selbst wenn Sie schon den gesamten Betrag bezahlt haben, ändert das nichts an der Tatsache, dass ein anderer Eigentümer Ihres Wagens ist. Im Fall der Insolvenz dieser Firma wird man Ihnen den Wagen wieder abnehmen. Und Ihr Geld ist auch weg, verschwindet in der Insolvenzmasse. Sie haben keine Möglichkeit an Ihr Eigentum zu kommen. Oder wenigstens große Probleme und Umstände.

Ein guter Rat von mir: Bezahlen Sie erst bei Übergabe des Fahrzeugs. Vergewissern Sie sich, dass alles in Ordnung ist, es sich um Ihre Bestellung handelt, die übergeben wird! Prüfen Sie die Papiere, ob sie auch zum Fahrzeug gehören anhand der Fahrgestellnummer und ob Ihr Name als Eigentümer eingetragen ist, wenn das Fahrzeug schon zugelassen ist.

Wenn sich die Auslieferung verzögert, weil die Firma den Brief von der Bank nicht bekommt, dann können Sie zur Not mit dem Verkäufer zur Bank gehen und den fälligen Ablösebetrag gegen Herausgabe der Urkunde direkt einzahlen. Geben Sie das Dokument nicht mehr aus der Hand! Schon gar nicht einem Mitarbeiter vom Autohaus. Der kann die Urkunde wieder zur Bank bringen und erneut beleihen. Sie haben wieder verloren!

Wie kann ich wissen, ob dieser Betrieb kurz vor der Schließung steht? Normalerweise gar nicht. Wenn es sich um eine Kapitalgesellschaft handelt, dann ist der Betrieb verpflichtet, seine Zahlen zu veröffentlichen. Das geschieht im - bundesanzeiger.de -, dort können Sie sich die Ergebnisse der Firma ansehen. Allerdings können Sie vergessen, hier wirklich informiert zu werden. Erstens sind diese Zahlen alt, zweitens, wer sagt denn, dass diese Zahlen ordentlich erstellt wurden, wenn es eh schon schlecht geht.

Insolvenz passiert für Außenstehende über Nacht. Heute einbezahlt, morgen tut es ihm leid, wir haben wegen Insolvenz geschlossen. Wenn Sie darauf achten, dann sehen Sie, dass in den Medien häufiger über diese Themen mit dem Verlust des Geldes für den Käufer berichtet wird. Hören Sie nicht auf den Verkäufer oder seinem Vorgesetzten, achten Sie auf Ihr Geld. Je größer die Not, umso mehr wird er Ihnen versprechen und zusagen, um an Ihr Geld zu kommen.

Ein gesundes Unternehmen wird mit einer Zug um Zug Abwicklung kein Problem haben. Wenn Sie nicht so viel

Geld mit sich herumtragen wollen, dann fragen Sie nach anderen Lösungen. Kartenzahlung, Lastschrift, Scheck von der Bank bestätigt. Die Bank bestätigt in der Regel nur den verfügbaren Betrag zu dem Zeitpunkt, wo den Scheck bestätigen lassen, das hat keine Gültigkeit für spätere Termine, außer Sie lassen den Betrag für diesen Scheck reservieren. Oder Sie bezahlen nach Übergabe per Überweisung, allerdings bekommen Sie dann den Brief erst, wenn das Geld auf der Bank des Händlers ist. Das Risiko ist wieder bei Ihnen!

Es ist natürlich nicht so, dass alle Autohändler kurz vor der Insolvenz stehen. Trotzdem rate ich zur Vorsicht! „Aber ich kaufe da schon seit Jahrzehnten meine Autos," heißt gar nichts. Es kann sehr schnell den Bach runtergehen. Wenn ein Kunde € 10.000 verliert, dann ist das einer zu viel, das muss nicht sein, wenn man sich an obige Tipps hält.

Noch eins: **Kauf im Internet oder woanders und Zahlung vorab,** egal welcher Betrag gefordert wird. Finger weg! Ausführlicher müssen wir dieses Thema nicht mehr behandeln.

Aktionen der Hersteller, Händler - Sinn oder Unsinn

Es gibt mittlerweile die verschiedensten Aktionen aller Hersteller. Selbst Marken, wo man denkt, dass die das nicht nötig haben, beteiligen sich in der einen oder anderen Form an diesem „Wettbewerb". Komisch ist nur, dass man bei den Verantwortlichen nicht merkt, dass diese Marketinggags für den Handel und die Hersteller nichts bringen, sonst würden sie einmal damit aufhören, nur sinnlos Geld zu verpulvern.

Ja spinnt der? Wenn die Geld verpulvern, dann ist das doch deren Problem, ich habe alle Vorteile auf meiner Seite. Denken Sie? Geben Sie einen Wagen in Zahlung, der zwei Jahre alt ist. Sie werden sich über den Wertverlust schön wundern! Das kommt unter anderem von diesen Aktionen. Wenn der Wagen neu schon nichts Wert ist, wie dann als Gebrauchter? Es sind nicht nur diese Neuwagenaktionen, es spielen noch andere Faktoren mit hinein, aber diese sind schon sehr gravierend in den Auswirkungen beim Wertverlust.

Egal, beenden wir diesen kurzen Ausflug. Betrachten wir, wie Sie von diesen Aktionen am besten und dauerhaft profitieren können. Auch hier ist Ihre Wahl des Fahrzeugs sehr wichtig. Was nützt Ihnen eine Eintauschprämie in Höhe von € 5.000 und eine Finanzierung ohne Anzahlung zu 1,9%, wenn Sie dieses Fahrzeug nicht mögen, brauchen?

Wir brauchen eine Strategie! Eine flexible Strategie. Selbst wenn Sie sich felsenfest für ein Fahrzeug entschieden haben, sollten Sie sich eine Vorgehensweise für den Händler Ihrer Wahl zurechtlegen. Sie suchen sich ein oder zwei andere Marken, die gerade eine Aktion fahren, und holen sich ein Angebot. Das lassen Sie sich schriftlich bestätigen. Nun gehen Sie zum Händler mit dem Fahrzeug Ihrer Träume und lassen sich beraten. Vielleicht gibt es hier auch eine Aktion, von der Sie nichts wissen, weil sie intern läuft?

Es kommt vor, dass Hersteller Abverkaufsprämien an den Händler bezahlen, um Überproduktionen gezielt zu verkaufen oder einfach nur ein Modell, das nicht so gut vom Markt angenommen wird, zu forcieren. Das ist billiger, ohne große Werbeaktionen, und zerstört nicht weiter das Image der Marke.

Lassen Sie sich ein Angebot machen, vergleichen Sie mit den Angeboten der Konkurrenz und teilen Sie das dem Verkäufer mit. Etwa so: „Ich würde mich ja sehr gern für diesen Wagen bei ihnen entscheiden, aber ich habe hier ein Angebot, das wesentlich besser, günstiger ist als das, was sie mir bieten." „Kann nicht sein, ich habe mein Möglichstes getan, mehr geht nicht."

Bedanken Sie sich für die Beratung und seine Mühe und stehen Sie auf, gehen Sie! Warten Sie auf seine Reaktion, aber gehen Sie! Es ist immer möglich, noch etwas mehr zu tun. Immer! Ein erstes Angebot kann immer noch verbessert werden. Entweder er gibt Ihnen beim Gebrauchten mehr oder mehr Rabatt oder er zieht noch eine Aktion aus dem Ärmel oder er spricht mit seinem Vorgesetzten. Wenn er mit seinem Vorgesetzten spricht, dann hören Sie sich das gut an, fragen Sie, ob das sein letztes Angebot ist, und sprechen Sie dann mit seinem Vorgesetzten direkt! Wenn das nicht möglich ist, dann verlassen Sie jetzt das Haus. Mir diesem Angebot gehen Sie zu einem anderen Händler derselben Marke und verhandeln neu, um dieses Angebot zu unterbieten.

Das war ein kleiner Ausflug in die Verkaufsverhandlung, die wir später noch intensiv besprechen werden. Hier möchte ich nur aufzeigen, wie Sie mit dem Angebot der Konkurrenz günstiger zu Ihrem Wunschauto kommen.

Eintauschprämie

€ 10.000 über Liste für Ihren Wagen. Diese Angebote gibt und gab es. Was steckt dahinter? Ich habe schon Verkäufer erlebt, die damit argumentieren, dass diese alten Wagen, die sie mit dieser Aktion bekommen, im Ausland, wo auch immer, sehr begehrt sind. Sehen wir uns ein Beispiel an: Sie fahren einen Wagen, der 15 Jahre alt ist und ein paar teure Reparaturen fällig sind. Laut Schätzung hat er einen Wert von € 200, die Prämie dazu ergibt einen Preis von € 10.200. Wer im Ausland ist so verrückt und bezahlt mehr als € 10.200 für diese Kiste? Es steckt nur eine weitere Marketingaktion dahinter. Was mit diesen Fahrzeugen geschieht, ist völlig egal. Auch der Umweltschutz wird gern angeführt. Es spielt aber keine Rolle, wo dieses Auto die Umwelt verpestet, früher oder später kommt das auf uns zurück.

Wie sieht das Angebot insgesamt aus? Das kann ich von hier nicht beurteilen, weil es immer wieder andere Aktionen gibt. Aber Sie können in Ihrem speziellen Fall das Angebot prüfen. Welchen Wert hat mein Auto wirklich, wenigstens ungefähr? Was kostet der Neue? Gibt es da noch Rabatt oder eine günstige Finanzierung oder Leasing? Was bezahle ich unterm Strich?

Also sehen wir nach: Sie möchten finanzieren. Der neue kostet € 40.000. Ihr Wagen ist besagte € 200 Wert, plus Prämie ergibt einen Preis von € 10.200. Die Differenz beträgt € 29.800. Diesen Betrag möchten Sie finanzieren. Der Zinssatz beträgt bei diesem Angebot 10%, obwohl überall Schilder hängen mit einem Angebot von 0,9%. „Bei dieser Eintauschprämie können wir nur mit Normalkonditionen finanzieren, aber sie haben ja die Prämie. Rabatt kann ich ihnen keinen geben, weil sie ja schon die Prämie bekommen. Nein, diese Farbe ist bei diesem Angebot nicht lieferbar, sie gilt nur für Fahrzeuge die bei uns stehen, aber sie haben ja die Prämie."

Welchen Rabatt gewährt der Händler bei diesem Fahrzeug ohne Prämie? Was bekomme ich für meinen Wagen? Wie sieht das dann aus mit der Finanzierung?

Rabatt gibt es 12%. Für Ihren Wagen bekommen Sie ohne Prämie € 200 und die Finanzierung gibt es zu 0,9%.

€ 4.800 Nachlass plus € 200 für Ihren ergibt € 5.000. Die Finanzierung zu 0,9% bei einer Summe von € 35.000, Rabatt und Altwagen als Anzahlung, über eine Laufzeit von 60 Monaten gibt das einen Zins von € 806, bei einer Rate von € 597. Die andere Finanzierung mit 10% Zins, bei einer Summe von € 29.800 und derselben Laufzeit ergibt einen Zins in Höhe von € 8.190, die Rate beträgt € 633 gerechnet mit einem Kreditrechner. In der Summe macht

das € 37.990. Beim anderen Beispiel, ohne Prämie, kommen wir auf eine Summe in Höhe von € 35.806. Wobei bei diesem Beispiel ohne Prämie noch nicht verhandelt wurde. Verhandeln rentiert sich auf jeden Fall. Ein wenig mehr Rabatt und ein paar Euro mehr für den Gebrauchten sind die Mühe wert. Prüfen Sie vor der Entscheidung noch die Zinssätze bei anderen Banken, entweder im Internet oder bei Ihrer Hausbank! Vielleicht können Sie ja die Prämie und einen vernünftigen Zins bekommen?

Dass sich der Wertverlust bei diesem Angebot für dieses Fahrzeug extrem entwickelt, können Sie sich lebhaft vorstellen. Nach ein paar Jahren normalisiert sich dieses Thema. Der Wertverlust im ersten Jahr liegt bei 30%. Es gibt viele, die dann hochrechnen und das Fahrzeug nach etwas über drei Jahren bei null sehen. Aber das ist eine blöde Rechnung, der Sie nicht folgen müssen. Nach drei Jahren in etwa normalisiert sich der Wertverlust. Es geht langsam weiter. Entscheidend sind dann der Zustand und die Laufleistung des Wagens. Sehen Sie sich einmal um, vielleicht im Internet oder in der Zeitung. Da gibt es Fahrzeuge, die fünf Jahre alt sind und nicht wesentlich weniger kosten als einer mit drei Jahren.

Auto heute kaufen und später bezahlen

Kaufen Sie heute, bezahlen Sie in einem, zwei oder drei Jahren oder noch später. Das sind oft Aktionen von Herstellern, die aus purer Verzweiflung so handeln. Warum sollten die das sonst tun? Sehen Sie sich hier nicht nur die Konditionen an, sondern auch die Test- und Mängelberichte in den entsprechenden Medien. Wenn die Qualität nicht passt, das Auto öfter nicht anspringt, dann kommen Sie zu spät zur Arbeit, egal ob der Wagen bezahlt ist oder nicht.

Sehen Sie sich auch hier die Konditionen gut an. Ab wann muss ich bezahlen? Wie viel? Was passiert mit den aufgelaufenen Zinsen? Wie sieht die Rechnung überhaupt aus? Sie müssen zwei Jahre keine Rate bezahlen, was ist, wenn ich das Auto nach einem Jahr nicht mehr mag? Wie teuer kommt das? Was ist bei einem Unfall, selbst verschuldet? Komme ich aus dem Vertrag oder muss ich ein anderes Auto bis zum Vertragende fahren?

Was ist mit meinem bisherigen Wagen? Verschwindet der in der Finanzierung oder wird das Geld ausbezahlt?

Aktion Geschäftswagen, Dienstwagen, Jahreswagen, Tageszulassungen

Auch hier handelt es sich um Aktionen, um die teuren Bestände zu verringern und abzubauen. Es sind keine schlechten Fahrzeuge, warum auch? Sie sollten nur nachsehen, woher die Fahrzeuge kommen!

Dienstwagen mit einem Alter von einem Jahr und 50 km auf dem Tacho waren nicht auf der Straße. Man versucht, das Thema Standzeit bequem zu umgehen. Hier sollten Sie auf Standschäden achten. Vor allem im Bereich der Bremsen, der Auspuffanlage und der Reifen. Sei erkennen das bei einer Probefahrt, wenn das Lenkrad beim Bremsen schüttelt oder die Bremse reibende Geräusche macht. Ob die Reifen in Ordnung sind, erkennen Sie auch bei der Probefahrt! Das Auto sollte ruhig fahren und keine Bewegungen machen, so, als wenn Sie über eine wellige Straße fahren. Auch sollten die Reifen keine Geräusche von sich geben! Besichtigen Sie dieses Fahrzeug auf einer Hebebühne auf Korrosionsschäden. Die Auspuffanlage darf bei dieser Laufleistung keine Korrosion aufweisen. Die anderen Bauteile müssen ebenfalls frei von Rost sein und der Unterboden und die Karosserie sowieso. Vielleicht stand er ja längere Zeit im Wasser? Wenn Sie dann nach Jahren die Durchrostungsgarantie in Anspruch nehmen wollen, gilt die nicht, weil Hochwasserschäden ausgenommen sind. Auch bei oben genannten Verschleißteilen wird sich der Hersteller oder Händler sträuben, die Mängel kostenlos zu beseitigen, weil er schon zu alt ist. Erst 50 km gelaufen, aber zu alt! Achten Sie auf diese Mängel vor dem Kauf und lassen Sie alle Probleme vor Übergabe beseitigen, kostenlos vom Händler. Fixieren Sie diese Arbeiten im Vertrag und prüfen Sie vor Übernahme! Sollte sich der Händler weigern, dann lassen Sie die Finger weg! Auch wenn er noch so günstig erscheint, die eventuellen Folgekosten fressen den vermeintlichen Vorteil schnell auf!

Bei Tageszulassungen gilt es, wie oben beschrieben. Achten Sie auf das Alter des Wagens. Es gibt Tageszulassungen, die wesentlich älter als ein Jahr sind, die Garantie nur noch kurz läuft und Sie kurz nach Übergabe eine Inspektion ordern müssen, weil die nach einem Jahr fällig war, aber nicht gemacht wurde. Im Garantiefall bekommen Sie Probleme, weil die Inspektion fehlt, obwohl Sie das Auto erst zwei Monate fahren.

Dienstwagen und Jahreswagen unterscheiden sich in der Nutzung. Dienstwagen werden von Angestellten als Firmenwagen genutzt, Jahreswagen von den Betriebsangehörigen der Hersteller, die das Auto kaufen und privat nutzen. Der Pflegezustand wird bei den Jahreswagen besser sein als bei den Dienstwagen, weil die von Anfang an darauf achten, den Zustand optimal zu halten. Sie verkaufen das Auto nach einem Jahr wieder und möchten sich durch einen schlechten Zustand den Preis nicht verderben. Es geht um das Geld des Fahrers. Die Dienstwagen sind normalerweise auch sehr gut im Zustand. Obwohl man davon ausgehen kann, dass die Pflege während der Nutzung nicht dieselbe ist, wie bei einem Jahreswagen. Auch der technische Zustand kann sich unterscheiden. Der WA lässt jede Kleinigkeit sofort reparieren, er hat ja Garantie, während die Werkstattaufenthalte dem Dienstwagenfahrer eher lästig sind.

Die Preise sind mittlerweile ziemlich gleich, wobei das Preisniveau bei den Dienstwagen durch teilweise unsinnige Ausstattung wesentlich höher sein kann. Der Angestellte hat eine Summe frei, in der er sich sein Dienstauto aussuchen kann. Natürlich achtet er darauf, den Rahmen auszuschöpfen. Wenn der Rahmen nicht erreicht wird, dann gibt´s halt noch eine Sitzheizung für hinten, obwohl da nie jemand sitzt. Der WA achtet auf den Preis und sinnvolles Zubehör. Diese Wagen sind in der Regel optimal für den Hausgebrauch ausgestattet.

Bei den Dienstwagen ist der Preis überhaupt zu beachten: Was nützt Ihnen ein Preisvorteil von € 20.000, wenn es für weniger Geld dasselbe Auto neu gibt. Wenn Sie auf teure und umfangreiche Ausstattung nicht verzichten möchten, dann sehen Sie sich bei den Dienstwagen um. Fast kein Auto ohne Leder, Xenonscheinwerfer, Schiebedach, obwohl eh schon die teure Acht-Zonen-Klimaanlage geordert wurde. Auch spezielle Elektronikausstattung ist hier zu finden. Weltweites Navi mit Fernsehempfang und einstellbarer Stimme, Soundsysteme, nicht ein popeliges Radio mit CD, mit 16 Lautsprechern, mit spezieller Abstimmung auf das Volumen, Gewicht der Reisenden usw. Viel Zubehör wiegt auch viel. Das kostet Kraftstoff. Überlegen Sie sich, was Sie brauchen und was Sie möchten. Leder ist schwerer als Stoff!

Bei den Dienst- und Werkswagen ist noch darauf zu achten, wer die Fahrzeuge fuhr. Oft waren diese Autos bei den Vermietfirmen im Verleih unterwegs. Das sehe ich doch im Eintrag in den Papieren. Nicht unbedingt! Es kommt vor, dass diese Wagen auf den Hersteller zugelassen werden. Dann steht der Hersteller in den Papieren. So können Sie nicht feststellen, wer diese Wagen genutzt hat. Lassen Sie sich bestätigen, schriftlich, dass der Wagen nicht im Verleih war. Es gibt auch Fahrzeuge im Verleih bei den Händlern, auch sogenannte Werkstattersatzwagen gehören in diese Kategorie. Da steht auch der Händler als Halter in den Papieren. Angeboten werden Sie oft als Vorführ- oder Dienstwagen. Auch hier erinnere ich an die Schriftform.

Es muss kein Makel sein, wenn ein Auto als Leihwagen unterwegs war. Allerdings sollte der Preis doch deutlich günstiger sein als bei einem ordentlichen Dienst- oder Jahreswagen. Auch sollten Sie das Fahrzeug gründlich auf Schäden an der Karosserie untersuchen. Unten und oben. Sollte der Verkäufer von einem reparierten Unfallschaden sprechen, bei einem Leihwagen, dann lassen Sie die Finger weg. Diese Wagen sind oft nicht Vollkasko versichert, selbst wenn Sie als Mieter dafür bezahlen, und werden oft **so billig wie möglich zusammengeschustert.** Nicht unbedingt in einer deutschen Fachwerkstatt. Da gab es Schäden, laut Gutachten € 6.000, die für € 1.500 repariert wurden. Über die Qualität auf Dauer müssen wir uns nicht unterhalten. Das geht nicht vernünftig.

Egal, was Sie kaufen, achten Sie immer darauf, dass alle Wartungen und Inspektionen durchgeführt sind. Nicht nur die Inspektion für den Motor ist wichtig, sondern auch der Service für die Klimaanlage, der Wechsel der Bremsflüssigkeit und eventuell noch Durchsichten im Rahmen der Lack- oder Rostgarantie. Fragen Sie nicht nur, sehen Sie nach! Bestehen Sie auf die Durchführung der Arbeiten, bevor Sie das Fahrzeug übernehmen ohne Kosten für Sie. Leihwagen müssen nach einem Jahr zur

Hauptuntersuchung. Daran können Sie ihn erkennen, wenn die Untersuchung nicht schon durchgeführt wurde. Sollte die Abnahme noch fällig sein, achten Sie darauf, dass der Händler die Kosten übernimmt. Das geht Sie nichts an.

Ermitteln Sie den Wert Ihres Wagens

Was ist Ihr Gebrauchter Wert? Er stellt eine wichtige Größe in der Kalkulation dar, aus dem Grund sollten Sie so genau wie möglich wissen, was er am Markt wert ist. Wie oder wo erfahre ich das?

Spezielle Einrichtungen und Angebote

Es gibt verschiedene Einrichtungen, die den Wert der Fahrzeuge anhand der Daten, Alter und Kilometerstand, ermitteln. Diese finden Sie vor allem im Internet. Nur die Daten aus dem Fahrzeugschein, kann das klappen? Natürlich nicht! Zu einer ordentlichen Fahrzeugbewertung gehört eine ordentliche Durchsicht mit Probefahrt, um eventuell fällige Reparaturen festzustellen. Diese mindern den Wert eines Wagens. Wird das nicht gemacht, nur anhand der Daten der Wert ermittelt, dann bekommen Sie den Durchschnittspreis dieser Fahrzeuge mit durchschnittlichem Zustand, ähnlich wie Ihrer. Was hilft das? Aus meiner Sicht und Erfahrung gar nichts. Sie können diese Art der Preisfeststellung einmal machen, um einen groben Rahmen zu bekommen, aber aussagekräftig ist das sicher nicht. Sollten Sie dafür bezahlen müssen, Finger weg!

Verschiedene Institute bieten die Wertermittlung mit einer technischen Durchsicht und Probefahrt an. Diese Auswertungen sind schon wesentlich genauer. Sie erfahren den technischen Zustand Ihres Wagens jetzt im Moment. Außerdem gibt es eine Preisermittlung mithilfe eines

Programms im Computer, das unter Berücksichtigung des Zustands insgesamt den Wert errechnet. Diese Zahlen basieren auf bundesweiten Erhebungen, regionale Feinheiten sind berücksichtigt. An der Grenze zu Frankreich verkaufen sich französische Fahrzeuge besser als im Rest des Landes. Geländewagen verkaufen sich wahrscheinlich im Süden der Republik besser. Auch das Preisgefälle von Süd nach Nord fließt in die Kalkulation ein. Das meint man mit regionalen Unterschieden zum Beispiel.

Wichtig ist, noch zu wissen, welcher Preis ermittelt wird. Der Verkaufspreis an Endverbraucher, oder der Preis, der bei einem Händler erzielt werden kann, der natürlich niedriger ist als der Preis beim Endkunden. Fragen Sie danach! Besser noch, Sie lassen sich beide Preise berechnen, das ist kein großer Aufwand und sollte in den Kosten für die Kalkulation enthalten sein.

Den technischen Zustand Ihres Wagens erfahren Sie auch bei einer Hauptuntersuchung von kompetenter Stelle, wenn die gerade fällig ist. Dann können Sie sich die teure Wertermittlung sparen. Auch bei einer durchgeführten Inspektion können Sie nach dem Zustand Ihres Fahrzeugs fragen, noch besser, wenn Sie bei der Direktannahme auf der Bühne dabei sind.

Für Ihren Wagen wird ein Preis von € 10.000 bei einer entsprechenden Stelle errechnet. Ist dieser Preis bindend? Verbindlich für irgendwen? Nein, ist er nicht! Es ist nicht einmal gesagt, dass Ihnen der Bewerter den Preis bezahlen würde. Was soll das also?

Zu diesen Ermittlungen kommen noch spezielle Faktoren hinzu, die den Preis wesentlich beeinflussen. Wie gängig, beliebt ist Ihr Wagen am Markt? War und ist er ein Renner, bei den Käufern sehr begehrt? Dann können Sie mehr erzielen, als diese Auswertung sagt. Wenn ihn keiner mag, er immer wieder mit teuren Aktionen in den Markt gedrückt wird, dann werden Sie den Preis nicht erzielen. Passt er in die momentane Zeit? Ich meine Umweltschutz und Kosten. Welcher Motor ist gerade in der Diskussion, wird negativ bewertet? Die Politiker sprechen von einer „Umweltabgabe" zulasten dieser Stinker, die vor Jahren noch steuerlich bezuschusst wurden.

Was bringt dann diese teure Wertermittlung? Sie kennen wenigstens ziemlich genau den technischen Zustand Ihres Fahrzeugs. Warum nur ziemlich genau? Weil bei dieser Prüfung nur eine Sichtprüfung durchgeführt werden kann und nicht einsehbare Mängel auch nicht erkennbar sind. Heute bezahlen Sie für die Prüfung, morgen ist der Anlasser kaputt, das kann er nicht sehen. Es verhält sich wie bei einer Glühbirne: Sie brennt wunderbar, Sie schalten sie aus. Wenn Sie wieder einschalten, funktioniert sie nicht mehr. Keiner konnte vorher sagen, wie lange die noch brennt.

Wenn das auch nur ein Anhalt ist, wie kann ich den Preis, der für meine Kalkulation sehr wichtig ist, ermitteln? Gehen Sie zu den Händlern vor Ort und suchen Sie nach Wagen wie dem Ihrigen! Sie werden feststellen, dass es eine relativ große Spanne gibt. Selbst bei ein und demselben Händler können große Preisunterschiede für dasselbe Auto festgestellt werden. Noch verwirrender wird es, wenn Sie mehrere Händler besuchen. Wenn mir das auch nichts bringt, warum soll ich das dann überhaupt tun? Weil Sie ein Gefühl für den Wert Ihres Wagens bekommen. Außerdem sollten Sie in Betracht ziehen, sich bei dem Händler mit den höchsten Preisen ein Angebot machen zu lassen.

Sie können auch das Internet und die speziellen Angebotsportale nutzen, um den Wert Ihres Fahrzeugs zu ermitteln. Das ist aber noch verwirrender und umständlicher als der Gang zum Händler. Warum? Wenn Sie die Daten für Ihren Wagen eingeben und dann die Angebote vergleichen, dann werden Sie enorme Unterschiede bei den Preisen feststellen. Ein paar Tausend Euro für ein und denselben Wagen Unterschied im Verkaufspreis. Das können Profis oft nicht erklären, wie sollen Sie dann als Laie den wirklichen Preis für Ihr Fahrzeug finden?

Sollten Sie sich trotz allem eine dieser Wertermittlungen leisten, dann vergleichen Sie das Ergebnis mit dem Angebot des Händlers, bei dem Sie kaufen möchten. Wenn sein Angebot niedriger ist als die Auswertung, dann sprechen Sie mit ihm darüber und zur Not zeigen Sie ihm das Ergebnis. Aber nicht sofort, sondern erst nach einer Diskussion über den Preis für Ihren Wagen! Fragen Sie nach seinen Gründen für diesen niedrigen Preis! Sagen Sie ihm, dass Sie andere Informationen haben! Dass Sie gesehen haben, dass diese Wagen wesentlich höher gehandelt werden, als er Ihnen bietet! Sagen Sie ihm, dass in seiner Ausstellung ein Auto wie Ihres steht, das wesentlich mehr kostet, als er Ihnen bietet. Geben Sie nicht so schnell auf, kämpfen Sie!

Viele Verkäufer rechnen damit, dass der Kunde nicht informiert ist, und versuchen ihn so über den Tisch zu ziehen. Mit dieser offiziellen Auswertung haben Sie ein Mittel zur Verhandlung in der Hand, dass Sie dann auch nutzen sollten, sollte das Gespräch nicht helfen! Versuchen Sie, auf diesen Preis zu bestehen, ohne dass andere Zusagen oder Rabatte gekürzt werden. Viele Verkäufer haben Angst einen Kunden zu verlieren und versuchen dann doch noch, die Vorstellung der Kunden zu erfüllen. Das können Sie aber auch mit einem Angebot eines vergleichbaren Fahrzeugs aus einer Zeitung oder dem Internet erreichen, ohne dafür zu bezahlen.

Sollte der Verkäufer den Preis Ihrer Auswertung erreichen oder sogar überbieten, dann müssen Sie auf jeden Fall noch weiter verhandeln. Entweder hat er eine Gebrauchtwagenabteilung, die sehr gut funktioniert, oder er hat keine Ahnung vom Wert der Autos. Das soll Ihr Schaden nicht sein, verhandeln Sie weiter. Es geht immer noch etwas!

Den Ablauf über die Verkaufsverhandlung und den richtigen Zeitpunkt die Karten auszuspielen, werden wir noch ausführlich behandeln. Dieser kleine Ausflug in einen anderen Bereich soll Ihnen die Entscheidung für oder gegen eine Auswertung erleichtern.

Internetangebote und andere Medien zur Preisermittlung

Sehen Sie im Internet und in den Zeitungen nach, wie Ihr Fahrzeug zum Kauf angeboten wird. Sie werden erstaunt sein, wie unterschiedlich die vermeintlich selben Fahrzeuge angeboten werden. Sehr interessant sind die Angebote der Gebrauchtwagenbörsen im Internet. Ein Fahrzeug, mit ähnlichen Daten und Ausstattung, macht riesige Sprünge im Preis. Hier sehen Sie, wie schwierig es ist, auch für Fachleute, den korrekten Preis für einen Gebrauchtwagen zu ermitteln. Suchen Sie sich ein paar Fahrzeuge mit dem höchsten Preis, die in etwa zu Ihrem passen, drucken Sie das Angebot aus und nehmen Sie es mit zum Händler. Wenn er fertig ist mit seinem Angebot, wenn er sagt, dass er nichts mehr machen kann, dann zeigen Sie ihm diesen Ausdruck. Achten Sie auf seine Reaktion, auch wenn Sie schon ein gutes Angebot haben, ein Versuch lohnt sich auf jeden Fall. Vielleicht gibt es ja noch irgendwo zusätzlich einen dreistelligen Betrag, den er loseisen kann?

Wie Sie sehen, ist die Preisermittlung für einen Gebrauchtwagen äußerst schwierig, mühsam und zeitaufwendig. Allerdings geht es hier um Ihr Geld. Etwas Mühe sollte schon sein, um noch ein paar Euro zu sparen. Wenn Sie die Spannen bei den Angeboten ansehen, dann sehen Sie, dass es sich oft um ein paar Tausend Euro handelt. Das sollte die Mühe wert sein!

Ein sauberes Auto anbieten

Eine gute Basis haben Sie dann, wenn Ihr Wagen wie aus dem Ei gepellt aussieht. Machen Sie ihn sauber! Richtig sauber! Einmal durch die Waschanlage und fünf Minuten mit dem Staubsauger wird nicht reichen, um wesentlich mehr Geld zu bekommen. Der Wagen sollte gründlich gewaschen sein, auch in den Ecken und Kanten. Dann kommt noch eine Politur, auch in den Ecken und Kanten. Der Motorraum sollte gewaschen und gewachst sein. Vorsicht! **Eine Motorwäsche, falsch durchgeführt, kann erheblichen Schaden an der Elektronik anrichten.** Wenn Sie sich nicht auskennen, dann lassen Sie das lieber vom Fachmann machen, der dann auch haftet. Innenreinigung komplett mit Kunststoffpflege, natürlich auch für außen, gründlich saugen und die Fenster putzen. Sollten Sie dazu keine Lust haben oder sich nicht sicher sein, dann sehen Sie nach, was diese Arbeit beim Profi kostet. Mittlerweile bieten auch verschiedene Autohäuser diesen Service an. Allerdings sollten Sie das nicht bei dem Autohaus in Auftrag geben, wo Sie später kaufen wollen. Sie werden sehen, dass sich diese Investition lohnt! Das lohnt sich auch, wenn Sie versuchen, den Wagen an privat zu verkaufen. Der erste Eindruck ist der wichtigste. Das Auge kauft mit. Auch bei sehr alten Wagen rentiert sich dieser Aufwand, Sie werden über das Ergebnis staunen!

Fahrzeugauswahl

Welches Fahrzeug Sie kaufen, hängt in erster Linie von den Anforderungen im täglichen Gebrauch ab. Oder? Oder von den Finanzen? Auch nicht? Wovon dann? Ich denke, dass die wenigsten Fahrzeuge aus praktischen Gründen gekauft werden. Selbst bei LKW spielt das Aussehen eine große Rolle, wobei es in diesem Bereich tatsächlich egal sein könnte. Auch die Finanzen spielen eine untergeordnete Rolle. Ich spreche nicht von unendlichen Mitteln, aber einen vernünftigen Betrag, im Rahmen meiner Möglichkeiten für ein Fahrzeug, das mir gefällt, kann und werde ich verkraften. Wäre das nicht so, dann wären doch die billigsten Anbieter längst Marktführer, egal in welcher Klasse. Gerade die tun sich am schwersten im Markt.

Kriterien

Nach welchen Kriterien soll ich dann ein Fahrzeug auswählen? Ich rate Ihnen, in einem ersten Schritt, sich am praktischen Nutzen zu orientieren. Danach suchen Sie nach Fahrzeugen, die Ihnen gefallen und die meisten für Sie relevanten Vorteile vereinen.

Wie nutzen Sie Ihr bisheriges Auto? Fahren Sie täglich ins Geschäft? Wie weit? Wie wird das Fahrzeug privat genutzt? Sind Sie sportlich sehr aktiv und benötigen Stauraum für die Sportgeräte. Machen Sie oft Reisen, kleinere und größere, wollen Sie bequem und sicher unterwegs sein?

Sie fahren fünf Kilometer ins Geschäft, das spricht für einen kleinen Benziner. Sie machen oft Ausflüge mit ein paar Hundert Kilometern am Tag. Das hört sich nach einem Mittelklassewagen mit Dieselmotor an. Natürlich können Sie auch mit einem Miniwagen große Strecken problemlos überbrücken, aber wie ist der Komfort dieser Wagen? Wie geht es Ihnen, wenn Sie das Fahrzeug verlassen, sich ohne Rückenschmerzen von der Fahrt am Ziel der Reise erholen wollen?

Das Alter spielt hier auch eine große Rolle. Die Jüngeren werden das nicht so eng sehen. Die Älteren legen doch großen Wert auf etwas vernünftigen Komfort. Sie müssen vorher wissen, was Sie wollen, brauchen. Dann sind Sie nicht für die Tricks der Verkäufer anfällig und lassen sich in der Begeisterung keine Standuhr andrehen.

Sehen Sie sich um. Informieren Sie sich im Internet oder in den Printmedien oder bei verschiedenen Fernsehsendungen und fahnden Sie nach Fahrzeugen, die für Sie infrage kommen. Legen Sie sich eine Auswahl zurecht. Besichtigen Sie dann die Fahrzeuge in aller Ruhe vor Ort beim Händler. Mit oder ohne Verkäufer, das entscheiden Sie in diesem Moment. Warum soll aber nicht das Personal mich bei meiner Entscheidung unterstützen? Dafür sind die doch da! Wenn er sich gut anstellt, kann es durchaus sein, dass Sie auf diesen Verkäufer in einem zweiten Schritt zurückkommen. Das sagen Sie ihm aber nicht, er soll sich selbst motivieren, Sie als Kunden zu gewinnen oder zu halten.

Um sich einen tatsächlichen Überblick zu verschaffen, ist es nötig, weitere Informationen vom Personal zu bekommen. Außerdem sollten Sie sich Prospekte über die infrage kommenden Wagen besorgen. Wenn Sie möchten, lassen Sie sich ruhig beraten. Eine Probefahrt kann auch nicht schaden. Nicht zu lang, aber einen ersten Eindruck sollten Sie schon gewinnen. Geben Sie in dieser Situation nichts von sich Preis. Weder den Namen, noch andere Fragen zu Ihrer Person sollten Sie in dieser Phase beantworten. Bleiben Sie anonym! Bei der Probefahrt muss er den Führerschein kontrollieren, so geben Sie trotz allem Daten weiter. Also, Probefahrt ja oder nein in dieser Phase?

Kraftstoffverbrauch

Wenn Sie eine Auswahl getroffen haben, dann suchen Sie nach den persönlichen Vorteilen für Sie. Sie mögen keinen Diesel, weil er immer noch lauter ist als ein Benziner? Suchen Sie nach einem leisen Diesel oder nach einem sehr sparsamen Benziner. Sparsame Benziner sind oft sehr kleine Motoren, die im Prospekt und auf dem Prüfstand niedrige Verbräuche ausweisen, in der Realität oft wesentlich mehr verbrauchen, als angegeben. Das liegt an der Fahrweise im Alltag, die sich von den Zyklen auf dem Prüfstand wesentlich unterscheidet. Ein kleiner Motor braucht oft hohe Drehzahlen, um seine Leistung entfalten zu können. Hohe Drehzahl bedeutet höheren Verbrauch.

Das ist auch beim Diesel so, wobei er die Vorteile im unteren Drehzahlbereich in der Fahrbarkeit und auch beim Verbrauch gegenüber den Benzinern hat. Mehr Hubraum heißt nicht immer hoher Verbrauch im Verhältnis zu einem kleinen Motor. 300 ccm mehr Hubraum und ein höheres Drehmoment bei niedrigen Drehzahlen geben Ihnen die Möglichkeit, das Auto auch in der Stadt mit dem höchsten Gang vernünftig zu fahren. Der oben beschriebene kleine Motor braucht oft einen kleinen Gang, um im Verkehr mithalten zu können. Auch Motoren mit Turbolader sind mittlerweile auf sparsames Fahren getrimmt. Auch hier lohnt sich ein Blick auf die Auswahl beim Diesel und beim Benziner.

Sie sollten also auf das maximale Drehmoment achten, bei niedrigen Drehzahlen über einen sehr breiten Bereich. Das heißt, die Drehmomentkurve erreicht bei niedrigen Drehzahlen den maximalen Wert oder ist im Bereich des maximalen Wertes und hält ihn auch bei höheren Drehzahlen konstant. Die Kurve steigt sehr früh, niedrige Drehzahl, steil an und bleibt ziemlich konstant auch bei höheren Drehzahlen. Diese Motoren bezeichnet man auch als „schaltfaul" zu fahren. Diesel haben hier in der Regel Vorteile, aber es gibt auch Benziner, die hier sehr gute Werte erreichen. Diese Werte finden Sie im Prospekt oder im Internet bei den technischen Daten. Sollte Ihnen dieser Wert nichts sagen, dann nehmen Sie die Daten aus den Prospekten und suchen Sie nach der höchsten Drehmomentkurve, die schon bei niedrigen Drehzahlen stark ansteigt. Die niedrige Drehzahl beginnt bei unter 2000 U/min und die Drehmomentkurve bleibt auf hohem Niveau sehr flach im Verlauf. Wenn Sie ein paar Kurven miteinander vergleichen, dann erkennen Sie, was ich meine. Fragen Sie auch den Verkäufer, das ist ein Thema, das er kennen sollte.

Warum ich mich so sehr mit dem Drehmoment beschäftige? Die Fahrzeuge werden immer schwerer, bedingt durch viel Ausstattung und Maßnahmen, die der Sicherheit dienen. Kleine Motoren müssen sich viel mehr plagen, um das Gewicht in Bewegung zu bringen und zu halten. Früher war ein kleines Auto mit einem kleinen Motor sparsam, heute stimmt das nicht immer. Die Kleinen werden auch immer schwerer und größer, bieten dem Wind mehr Widerstand.

Wie erkennen Sie noch, ob ein Motor ein günstiges Drehmoment hat? Bei der Probefahrt! Legen Sie bei 50 km/h den vierten Gang ein und beschleunigen Sie, geben Vollgas. Wie verhält sich der Motor? Beschleunigt er zügig, beschleunigt er gut? Oder kommt er nicht vom Fleck und ruckelt sogar. Dieses Fahrzeug können Sie vergessen, außer er bietet Vorteile an anderer Stelle, die Sie sehr schätzen. Der Trend geht immer mehr zu 6-Gang-Getrieben. Dann sollten Sie den Versuch im fünften oder auch im sechsten Gang wiederholen. Im höchsten Gang wird die Beschleunigung nicht berauschend sein, aber die anderen Merkmale können Sie prüfen!

Ein weiterer Test findet auf der Autobahn statt. Fahren Sie mit 100 km/h, legen Sie den höchsten Gang ein und wiederholen Sie die Prozedur. Wie ist die Beschleunigung? Können Sie damit vernünftig überholen? Wie oben dürfen keine Geräusche oder ruckeln zu merken sein. Achten Sie beim höchsten Gang darauf, dass es sich nicht um einen ausgeprägten Spargang handelt, in dem der Wagen die Höchstgeschwindigkeit nicht erreicht! Dann kann er in diesem Gang nicht gut aussehen. Aber versuchen können Sie es trotzdem, vielleicht werden Sie angenehm überrascht?

Schnell und sparsam fahren

Wenn Sie einen Wagen suchen, mit dem Sie schnell und bequem große Strecken zurücklegen können, dann entscheiden Sie sich für ein Fahrzeug mit entsprechender Höchstgeschwindigkeit in bezug auf Ihr Reisetempo. Suchen Sie sich ein Fahrzeug aus, das eine um 20 % höhere Endgeschwindigkeit hat als Ihr bevorzugtes Tempo.

Ein Beispiel: Sie fahren gern mit Tempo 200 km/h über die Autobahn. Dann sollten Sie sich ein Fahrzeug aussuchen, das eine Höchstgeschwindigkeit von ca. 240 km/h hat. Dann läuft er im Bereich von 200 km/h verhältnismäßig günstig. Nicht wirklich sparsam, aber günstig. Günstiger, als wenn Sie einen aussuchen, dessen Höchstgeschwindigkeit nur 200 km/h ist. Der eine läuft dauernd Vollgas, der andere nur mit 80 % seiner Leistung.

Ein weiterer Aspekt ist, dass Sie mit den Motoren von heute bei einem schnellen Fahrzeug umso günstiger fahren, umso langsamer Sie fahren. Da kommen Sie bei 100 km/h mit deutlich weniger als 10 Liter aus. Viele Fahrzeuge brauchen bei diesem Tempo oft nur fünf Liter. Ob Sie sich einen Diesel oder Benziner aussuchen, ist egal. Diese Formel gilt für beide Motoren.

Etwas anders ist es bei hohem Tempo in der Nähe der Höchstgeschwindigkeit. Da verkehrt sich der Vorteil eines Diesels bei niedrigen Drehzahlen ins Gegenteil. Er braucht in diesem Bereich nicht wesentlich weniger als ein Benziner, wenn überhaupt. Es gab oder gibt sogar Diesel, die im Volllastbereich, also Vollgas, einen höheren Verbrauch haben als vergleichbare Benziner.

Entwicklung der Technik

An dieser Stelle möchte ich eine Lanze brechen für die Ingenieure und Entwickler bei den Herstellern, deren Leistung aus meiner Sicht nicht gewürdigt wird. Wir hatten noch nie so sparsame und robuste Motoren wie heute. Ein VW Käfer mit 34 PS und einen Verbrauch von 10 Litern galt früher als sparsam. Die Fahrleistungen, den Komfort und die Umweltverträglichkeit möchte ich gar nicht erwähnen, die waren nicht vorhanden. Wenn heute ein Fahrzeug der gehobenen Mittelklasse, einem Gewicht von fast zwei Tonnen und einem Luxus, wie ihn viele Fahrer Zuhause nicht haben, 10 Liter oder etwas mehr verbraucht, dann werden sie als Energieverschwender und Umweltverschmutzer in der Öffentlichkeit gegeißelt. Nehmen Sie einen Motor heutiger Technik und bauen Sie den in ein Fahrzeug aus den 70ern ein. Sie erreichen einen Verbrauch von ca. 5 Litern oder weniger problemlos.

Motor: Entscheidung für die Zukunft

Wenn Sie zwischen Diesel und Benziner wählen, dann sollten Sie beachten, dass der Diesel in der Anschaffung teurer und die Kfz-Steuer auch um ein Vielfaches höher ist. Wichtig ist hier auch die CO_2-Emission, die ab einem bestimmten Wert noch extra besteuert wird. Das macht schnell ein paar Euro zusätzlich aus.

Was sich in diesem Bereich noch tut, kann keiner sagen! Nicht einmal die Politiker. Die agieren nach dem Prinzip des steuerlichen Bedarfs und der Belastbarkeit der einzelnen Gruppen zum Zeitpunkt des Bedarfs. Rationale Gründe dürfen wir nicht erwarten. Umwelttechnische Gründe werden zwar gern angeführt, spielen aber bei genauer Betrachtung bei der Entscheidung über neue Gebühren keine Rolle. Welche Fahrzeuggruppe gerade in der Kritik ist, die wird zusätzlich besteuert. Bei den Debatten zu diesen Themen hat man oft den Eindruck, dass die Politiker alle mit dem Rad fahren. Lassen wir dieses Thema hinter uns. Was ich damit sagen möchte, ist, dass eine Entscheidung heute richtig und morgen komplett falsch sein kann. Das gilt wahrscheinlich auch für sogenannte Umweltschoner von heute.

Hybrid- und Elektroantrieb

Diese Antriebe, auch der mit Wasserstoff, stecken trotz aller Bemühungen der Ingenieure, noch in den Kinderschuhen. Die Technik ist, aus meiner Sicht und einiger Fachleute, noch nicht soweit, als dass sie alltagstauglich wäre. Auch das Thema Umweltschutz wird oft zu kurz betrachtet.

Beim Elektroantrieb: Woher kommt der Strom? Von den Batterien!? Wie wird die Versorgung sichergestellt? Es gab in den 20er Jahren des letzten Jahrhunderts schon Elektroautos, die auch funktionierten, sich aber trotzdem nicht durchsetzen konnten. Die Reichweite ist ein großes Problem, vor allem weil wir heute auf Komfort nicht verzichten wollen. Diese Fahrzeuge müssen leicht sein, spricht gegen Insassenschutz, und sehr sparsam mit der Energie umgehen. Da findet eine Klimaanlage nur sehr schwer Platz. Es gibt schon genug Probleme mit der Heizung, die die Reichweite deutlich einschränkt. Dann dürfen wir die langen Ladezeiten der Batterien nicht vergessen. Wie lange dauert es, bis Sie Ihr herkömmliches Fahrzeug betankt haben? Ein paar Minuten! Wie lange dauert die Ladung der Batterien beim E-Auto? Ein paar Stunden. Heute werden Reichweiten bei Elektrofahrzeugen von 100 km und mehr angegeben. Das stimmt nur unter optimalen Bedingungen. Wenn es sehr kalt ist, dann nimmt die Leistung der Batterien deutlich ab. Wenn Sie viele Verbraucher einschalten, Heizung, Klimaanlage, Licht, Scheibenwischer, Radio und andere, die eben üblich sind, dann gehen die Batterien sehr schnell in die Knie! Die Reichweite halbiert sich!

Die Entwicklung des Strompreises darf nicht vergessen werden! Was kostet so eine Füllung heute und in ein paar Jahren? Unsere Atomkraftwerke werden abgeschaltet, der billige Strom nicht mehr verfügbar! Strom aus Biomasse ist heute schon ein Problem! Strom aus Wind- und Sonnenenergie wird zwar mehr, ist aber noch nicht ausreichend vorhanden. Es bleiben viele offene Fragen! Diese offenen Fragen bezahlt in der Regel der Nutzer!

Was passiert am Ende der Nutzung mit den Batterien? Wie werden die entsorgt, wer trägt die Kosten? Der Staat oder die Hersteller vermutlich nicht!

Die Hybridantriebe sind schon weiter, allerdings noch teuer, im Vergleich zu den herkömmlichen Konzepten. Aber auch hier verwenden sie einen Antrieb, der mit herkömmlichem Kraftstoff läuft, um den Strom für den Elektromotor zu erzeugen. Dieses System scheint mir bei verschiedenen Herstellern am weitesten in der Entwicklung zu sein. Allerdings gibt es auch hier unterschiedliche Systeme. Bei voller Leistung und hoher Geschwindigkeit ist der E-Motor überfordert und wirkt nur noch als zusätzliche Antriebsquelle oder als Unterstützung beim Beschleunigen. Die Laufleistung nur mit Batterie beträgt nur ein paar wenige Kilometer, die mögliche Geschwindigkeit ist begrenzt auf unter 100 km/h.

Eine Frage tut sich doch auf: Warum bieten nicht alle oder wenigstens die maßgeblichen Fabrikanten diese Systeme an? Gibt es doch Probleme, die sich bisher nicht lösen lassen? Sind die Vorteile doch nicht so groß, wie von den Marketingabteilungen behauptet? Kann so nicht sein, da ja einige Anbieter mit diesem Konzept sehr erfolgreich sind und für den Nutzer anscheinend problemlos funktioniert. Allerdings findet sich dieses System bisher in der oberen

Klasse der Fahrzeuge. Das erklärt sich wohl am zusätzlichen Platz, der benötigt wird und am höheren Gewicht durch die Batterien. Bei verschiedenen Tests dieser Fahrzeuge finde ich den Verbrauchsvorteil nicht so gravierend wie behauptet. Das zusätzliche Gewicht reißt ein Loch in die Bilanz.

Wie sich diese Fahrzeuge auf dem Gebrauchtwagensektor in Zukunft vermarkten lassen, kann ich nicht sagen. Allerdings ist dieser Markt sehr preissensibel, die Nachfrage bei Neuwagen bisher nicht so groß, sodass sich dieser Effekt auch bei den Gebrauchtwagen negativ bemerkbar machen könnte.

Vielleicht nutzen wir in naher Zukunft eine ganz andere, wieder vergessene Technik. Biosprit oder Holzvergaser, wie schon in den 40er Jahren. Einen Teil davon produzieren wir heute schon. Die E10 Diskussion lässt grüßen. Was passiert, wenn bestehende Motoren umgebaut werden können und mit diesem Kraftstoff zu 100% funktionieren? Die Voraussetzungen sind gegeben. Es gibt heute bereits Motoren, die mit dem alten Öl aus der Fritteuse funktionieren. In Brasilien fahren sie mit Sprit aus 100% Biomasse.

Doch woher soll dieser „umweltfreundliche Kraftstoff" kommen? Aus Biomasse natürlich! Woher kommt die zusätzliche Biomasse? Biomassekraftwerke haben heute schon Probleme mit dem Nachschub an Biomasse. Dann sollen wir noch auf Kunstdünger verzichten und den natürlichen Anbau forcieren. Pestizide sind zurecht verpönt. Es gibt nicht genug Nahrung, dann soll sie noch verfeuert werden?

Vielleicht können wir in Zukunft aus Plastikschrott die Ressourcen gewinnen, um unsere Mobilität zu sichern. Aber wer weiß das heute schon?

Es darf hier nicht der Eindruck entstehen, dass ich gegen Maßnahmen bin, die die Umwelt entlasten. Ich selbst bin in diesem Bereich sehr aktiv und schone die Umwelt, wo es nur geht. Selbst wenn ich dafür einen höheren Preis bezahlen muss, dann ist es mir das Wert. Allerdings darf der Nutzen nicht ganz außen vor bleiben.

Persönliche Zufriedenheit

Ein Cabrio wird man nicht kaufen, weil es sehr praktisch ist. Es macht einfach, Freude mit so einem Auto zu fahren. Hier sind wir bei einem weiteren Punkt, der persönlichen Zufriedenheit mit der Entscheidung. Wie gesagt, dieser Punkt ist der wesentliche bei der Kaufentscheidung, nicht der alleinige, aber doch entscheidend. Ein sehr praktisches, sparsames und zuverlässiges Auto, das Ihnen so gar nicht gefällt. Was soll das? Sie heiraten doch auch nicht aus dem alleinigen Grund, weil sie sehr gut kochen oder er schwere Sachen heben kann, das würde nicht reichen. Warum also bei einem Auto, wo Sie noch bezahlen müssen.

Heute findet sich für jeden ein Wagen, der alle praktischen Vorteile erfüllt und obendrein noch gefällt. Ein praktisches Auto hat heute Fahrleistungen, die sich nicht hinter einem reinrassigen Sportwagen verstecken müssen. Sie können hier einen sehr guten Kompromiss finden, bei fast allen Fabrikaten.

Überlegen Sie sich auch die Farbe und eine oder zwei Alternativen, damit Sie beweglich sind, wenn ein Sonderangebot von der Farbe her nicht so ganz passt. Kaufen Sie kein Auto, nur weil es billig ist, der Farbe wegen. Erstens müssen Sie dieses Auto über die gesamte Zeit, in der Sie es nutzen, ansehen, zweitens bekommen Sie sehr wahrscheinlich Probleme beim Wiederverkauf. Oder Sie haben mit der Farbe absolut kein Problem und Sie fahren es bis zum bitteren Ende, dann können Sie hier ein Schnäppchen machen. Es gibt Leute, die freuen sich höllisch, wenn Sie etwas sparen können, wenn Ihnen Ihr Auto auf diese Weise Freude bereitet, warum nicht?

Ausstattung

Welche Ausstattung ist für Sie wichtig? Auch diese Info bekommen Sie bei allen oben angesprochen Stellen. Die Fahrzeuge der heutigen Zeit sind serienmäßig sehr umfangreich ausgestattet. Da gibt es wenig auszusetzen, selbst wenn es verschiedene Stellen immer wieder beanstanden.

Was brauchen, was möchten Sie wirklich? Die Serienausstattung ist heute sehr umfangreich. Es gibt nur noch wenige Modelle, die keine Klimaanlage, kein ABS, Servolenkung oder Zentralverriegelung haben. Die Zeiten, wo man für den Rückfahrscheinwerfer und den

Bremskraftverstärker extra löhnen musste, sind längst vorbei.

Bei der Klimaanlage gibt es zu beachten, ob Ihnen eine manuelle oder eine Automatik lieber ist. Bei der manuellen müssen Sie die richtige Einstellung selbst finden, die Automatik erledigt das automatisch nach Ihrer Temperaturauswahl. An sich nur ein Unterschied in der Bequemlichkeit, kühlen tun beide.

ABS und andere Sicherheitsausstattungen sollten sein, selbst wenn Sie sie nicht benötigen, weil Sie ein sehr defensiver Fahrer sind. Defensiv fahren hat nichts mit schleichen zu tun. Auch ein schneller Fahrer kann defensiv unterwegs sein.

Sollten Sie diese Ausstattung im Grundmodell nicht finden, dann gehen Sie in der Liste ein Stück weiter, Sie finden bestimmt ein Angebot mit entsprechender Ausstattung. Oder suchen, fragen Sie nach einem Sondermodell. Die sind oft sehr umfangreich ausgestattet und ein paar Euro günstiger.

Was müssen Sie wirklich haben? Es gibt, vor allem bei deutschen Anbietern eine Vielzahl von Paketen und Ausstattungsvarianten, die man sehr genau betrachten muss, um nicht ein Angebot zu wählen, welches man nicht nutzt oder braucht. Ein Musikcenter mit mehr als acht Lautsprechern, müssen Sie das haben? Einen Regensensor für die Scheibenwischer, ein Lichtpaket, ein Winterpaket,

Einparkhilfen akustisch oder mit Monitor, dicke Reifen und Felgen, Sportauspuff, Allradantrieb und Lederpolster?

Zur Sitzheizung habe ich meine Meinung mittlerweile geändert, ich hielt die für unnütz. Die neuen sparsamen Motoren sind so sparsam, auch während der Warmlaufphase, dass es ewig dauert, bis die Heizung anspricht. Da können gut und gern 10 km vergehen, bis endlich ein wenig Wärme kommt. In dieser Zeit, bis die Wärmezufuhr funktioniert, ist die Sitzheizung sehr angenehm. Danach sollten Sie sie aber ausschalten, wegen dem Energieverbrauch und so gesund soll das auch nicht sein.

Suchen Sie sich gezielt die Ausstattung aus, die Sie benötigen. Nicht jeder Luxus ist sinnvoll. ABS zum Beispiel ist eine feine Sache. Wenn der Fahrer sich aber nur auf das ABS verlässt und fährt wie ein Henker, dann wird ihm diese Einrichtung nicht viel helfen. Die meisten Ausstattungen werden heute elektronisch gesteuert. Die Software ist oft das Problem bei Pannen. Umso mehr zusätzliche Ausstattung, umso mehr Probleme mit der Software sind möglich. Störungen, die das gesamte Auto außer Betrieb setzen können. Sie wegen eines Regensensors tatsächlich im Regen stehen. Wenn es geht, übertreiben Sie nicht. Suchen Sie sich die Ausstattung, die für Sie wirklich sinnvoll ist. Lassen Sie sich nicht blenden von allem möglichen Schnickschnack. Bei genauer Betrachtung sind viele Extras nicht nötig. Noch einmal, betrachten Sie die Grundmodelle und suchen Sie sich dann ein Sondermodell, das vernünftig auf diesem aufbaut.

Bedenken Sie, dass jede zusätzliche Ausstattung Gewicht mit sich bringt und Energie verbraucht. Selbst Leder, ohne elektronische Funktion, verbraucht über das höhere Gewicht zusätzliche Energie. Sie sollten auch die Kosten im Auge behalten! Schnell investiert man in Ausstattung, die man nicht braucht zu einem Preis, für den man auch in Urlaub fahren könnte. Das einzige Argument für überflüssige Ausstattung ist: Ich möchte das haben!

Dann verkraften Sie auch beim Wiederverkauf den Wertverlust besser, wenn ein Interessent die umfangreiche Ausstattung zwar haben möchte, aber nichts dafür bezahlt.

Wo informieren?

Informieren können Sie sich überall! Im Internet, in den Printmedien, bei Freunden und Bekannten und im Autohaus. Hier kann nichts passieren, wenn Sie nicht voreilig irgendwo Ihre Daten angeben und dann regelmäßig belästigt werden. **Buchen oder unterschreiben Sie keine Reservierung, die sich hinterher als Kaufvertrag herausstellt!** Holen Sie sich keine kostenpflichtigen Informationen, **Informationen sind kostenlos.** Sollte das jemand anders praktizieren, dann lassen Sie sofort die Finger davon. Auch eine Probefahrt, im vernünftigen Rahmen, kostet nichts. Prospekte sind bei den meisten Anbietern umsonst.

Informationen und Prospekte aus dem Internet sind sehr bequem, weil man sie ins Haus bekommt. Allerdings geben Sie hier Ihre Daten an und wissen nicht, was damit geschieht. Wurden Sie schon einmal angerufen, um Ihnen etwas zu verkaufen? Das ist nicht erlaubt, wenn Sie nicht darum gebeten haben. Praktiziert wird es trotzdem. Seien Sie vorsichtig mit ihren Angaben. Bei den meisten Herstellern ist es nicht nötig, Unterlagen per Post zu bestellen. Alle Informationen finden Sie auf den Seiten der Anbieter.

Die wichtigste Informationsquelle sind aus meiner Sicht die Autohäuser, wenn die ihre Aufgabe ernst nehmen und sich wirklich um die Beratung kümmern. Aber auch ohne Verkäufer können Sie sich hier ein Bild machen. Betrachten Sie alles in Ruhe, nehmen Sie Platz und lassen Sie das Auto auf sich wirken. Sehr wichtig, wenn Sie mehrere Wagen in der Auswahl haben. Vergessen Sie bisher den Preis, lassen Sie sich vom Gefühl leiten.

Achten Sie auf das Ambiente, auf die Verarbeitung, sehen Sie nach den Schaltern und Bedienelementen. Achten Sie auf den Sitzkomfort, den Sie vorher natürlich auf Ihre Bedürfnisse eingestellt haben. Achten Sie vor allem darauf, bevor Sie wieder aussteigen! Sind Sie verspannt, lässt sich eine optimale Position finden und einstellen? Es ist heute gar nicht so leicht, die optimale Sitzposition auf Anhieb zu finden, bei der Vielzahl an Verstellmöglichkeiten, die so ein Sitz bietet. Wie passt das Lenkrad? Wie liegt es in der Hand? Passt die Kombination aus Sitzeinstellung und Lenkrad. Können Sie sich entspannt anlehnen oder beugen Sie sich krampfhaft nach vorn, um das Lenkrad zu erreichen?

Jetzt übertreibt er aber! Nein, mach ich nicht! Es ist sehr schwierig, diesen Punkt in der kurzen Zeit, die Sie im Auto sitzen, wirklich optimal zu beurteilen. Die meisten Käufer achten nicht auf diesen sehr wichtigen Punkt. Wird schon passen. Bei der ersten längeren Fahrt kommen die Probleme. Selbst schon erlebt? Sie erkennen das auch nicht bei einer Probefahrt, selbst wenn Sie zwei Stunden fahren, weil Sie auf andere Punkte achten, die Ihnen im Moment wichtiger erscheinen.

Schließen Sie bewusst die Türen! Wie ist der Klang? Satt und dumpf oder hoch und hohl, scheppert vielleicht sogar? Wie schließt die Tür? Fällt sie ohne großen Schwung ins Schloss oder braucht sie etwas mehr Kraft, um zu schließen. Die Verkäufer sagen an dieser Stelle gern: „Die Tür ist nur nicht richtig eingestellt, das passiert sonst nicht". Vergessen Sie das! Entweder ist die Tür wirklich nicht richtig eingestellt, was sagt das dann über den Verkäufer und die Qualität des Hauses oder es ist nur eine Ausrede, weil dieses Problem generell besteht und er Sie beruhigen möchte. Bei dieser oder ähnlichen Aussagen sollten Sie dieses Haus nicht weiter in Betracht ziehen. In der Ausstellung muss alles perfekt sein und nicht erklärt werden, warum es nicht so ist. Wenn es hier schon nicht stimmt, wie sieht dann Ihr Wagen bei der Übergabe aus? Wie gehen Sie zu einem Date? Ungewaschen und mit schmutzigen Schuhen? Sie können ja erklären, dass Sie das noch in Ordnung bringen, wenn Sie merken, dass es sich rentiert.

Achten Sie auch auf die Kanten und Falze! Wie sind die Schweißnähte? Gleichmäßig und sauber oder patzig und unregelmäßig. Sie wissen nicht, wie eine Schweißnaht aussehen soll? Wenn Sie eine sehen, die in Ordnung ist, dann werden Sie sie erkennen. Wie ist der Abstand der verschweißten Bleche zueinander? Liegen sie sauber auf oder klaffen Sie auseinander? Sehen Sie im Motor-, im Koffer- und im Innenraum nach diesen Stellen. Sie erkennen hier die Verarbeitung und die Stabilität der Karosserie über Jahre hinweg. Diese Verarbeitungsqualität spielt eine große Rolle beim Wertverlust.

Ist alles sauber und ordentlich aufgeräumt? Wie verbaut ist der Motorraum? Sehen Sie verschiedene Bauteile, sind die gut zu erreichen oder ist es unmöglich, die Lichtmaschine oder die Wasserpumpe zu sehen. Hier sind hohe Reparatur- und Servicekosten zu erwarten, wenn alles so verbaut ist. Viele Motoren sind heute mit einer Abdeckung versehen, die den Eindruck macht, dass alles sehr verbaut ist. Denken Sie sich diese Abdeckung weg und machen Sie sich dann ein Bild. Oder bitten Sie den Verkäufer, die Abdeckung zu entfernen. Das sollte kein großes Problem sein und ist schnell erledigt. Wenn Sie nicht sicher sind, fragen Sie nach den Kosten für verschiedene Reparaturen. Was kostet ein großer oder ein kleiner Kundendienst? Wie teuer ist der Wechsel des Zahnriemens, wie oft ist das nötig? Lichtmaschine, Anlasser, Wasserpumpe oder Klimakompressor erneuern. Was kostet das? Vermeintlich günstige Fahrzeuganbieter holen sich über diese Schiene oft den Preisvorteil zurück.

Sinnvolle Probefahrt

Achten Sie bei der Probefahrt auf Geräusche! Fahren Sie die ersten Kilometer ohne Radio. Wie ist der Geräuschpegel im Vergleich zu Ihrem jetzigen Wagen? Machen die Sitze in den Kurven Geräusche? Klappert das Armaturenbrett auf schlechten Straßen? Allerdings müssen Sie hier den Typ des Wagens berücksichtigen. Wenn Sie mit einem reinrassigen Sportwagen oder einem Fahrzeug mit sehr sportlicher Federung auf Kopfsteinpflaster unterwegs sind, dann lässt sich ein gewisser Geräuschpegel nicht vermeiden. Allerdings nicht so, dass Sie Angst haben müssen, dass die Kiste auseinanderfällt. Sie dürfen natürlich nicht unfair sein! Wenn Sie mit 100 km/h über einen Feldweg oder durch Schlaglöcher brettern, dann macht das Auto Geräusche, die nicht zu vermeiden sind! Achten Sie bei normalen Verhältnissen auf ungewöhnliche Geräusche, das möchte ich damit sagen.

Es gibt Leute, die setzen sich in ein Auto zur Probefahrt, der Motor ist noch kalt, und geben sofort Vollgas. Bei diesem „Test" können Sie gar nichts erkennen. Der Motor muss auf Betriebstemperatur sein, um seine Vor- und Nachteile beurteilen zu können. Mit den Bremsen ist das genauso. Machen Sie keine Vollbremsung, schon gar nicht im Verkehr. Wenn Sie die Bremsen, bzw. das ABS testen wollen, dann suchen Sie sich einen Untergrund, der nicht die volle Haftung bietet. Aus meiner Sicht ist dieser Test aber unnötig, da diese Aggregate sehr gut funktionieren. Die Unterschiede der einzelnen Systeme verschiedener Hersteller können Sie so nicht erkennen. Lesen Sie dazu lieber Testberichte in den verschiedenen Medien. Da sind Fachleute mit den entsprechenden Instrumenten am Werk, die das beurteilen können.

Fahren Sie vernünftig bei einer Testfahrt, möglichst so, wie Sie Ihr Auto gewöhnlich bewegen. So erkennen Sie die Unterschiede im Fahrverhalten und bei der Leistung. Auch oben erwähnten Geräuschpegel können Sie so am besten beurteilen.

Bedienung

Was ist denn noch wichtig, wenn Sie sich ein Auto aussuchen? Wie sind die Bedienelemente angeordnet? Sind sie leicht erreichbar, gut zu bedienen und vernünftig platziert? Kommen Sie auf Anhieb zurecht oder bereitet die Bedienung des Lichtschalters Probleme? Warum bereitet er Probleme? Weil er anders als beim bisherigen Wagen zu bedienen ist oder weil er nicht zu finden, ungünstig angeordnet ist.

Audi hatte in den Achtzigerjahren einen kleinen Schalter rechts an der Lenksäule für die Warnblinkanlage. Diese Anordnung war aus meiner Sicht optimal, weil er bei Gefahr sehr schnell, ohne Blickwechsel, zu bedienen war. Damals gab es ein paar Autotester, die mit dieser Anordnung nicht zurechtkamen. Sie beanstandeten, dass, wenn sie den Scheibenwischer betätigen wollten, sie oft auch die Warnblinkanlage aktivierten. Wahrscheinlich war das der Grund, warum Audi diese Position änderte und dieser Schalter jetzt irgendwo in der Konsole sitzt.

Prüfen Sie, ob die Bedienung für Sie nach einer Zeit der Gewöhnung funktioniert oder ob es sich um ein generelles Problem handelt.

Antrieb

Welchen Antrieb soll das Fahrzeug haben? Front- Heck- oder Allradantrieb? Wie nutzen Sie das Auto? Überwiegend in der Stadt - sehr viel auf der Autobahn - sehr oft im Gelände - zum Ziehen schwerer Anhänger - einfach nur, um Spaß zu haben.

Front- und Heckantrieb

Betrachten wir die einzelnen Antriebsarten: Der Frontantrieb bietet eine kompakte Bauweise, die den Insassen mehr Platz bietet als ein Heck- oder Allradantrieb. Das Fahrverhalten ist meist neutral bis untersteuernd. Das heißt, Sie kommen gut damit zurecht. Früher fand man diesen Antrieb nur in Kleinwagen mit wenig Leistung, heute hat sich dieser Antrieb auch bei Fahrzeugen mit großen Motoren etabliert. Selbst sogenannte Geländewagen werden mit Frontantrieb angeboten. Weitere Vorteile sind die gutmütigen Fahreigenschaften und die bessere Traktion bei schlechten Fahrbahnverhältnissen. Bei Wasser, Matsch und Schnee ist dieser Antrieb dem Heckantrieb überlegen, weil der Motor durch sein Gewicht die Antriebsachse besser belastet. Durch das geringere Gewicht insgesamt gegenüber den anderen Antriebsarten trägt der Frontantrieb mit dazu bei, weniger Kraftstoff zu verbrauchen.

Der Heckantrieb hat nach wie vor seine Freunde, die auf ihn schwören. Das Feeling bei diesen Wagen ist ein ganz besonderes im Grenzbereich. Es geht vor allem um die Möglichkeit, mit diesem Antrieb besser driften zu können. Aber wer macht das schon, wer braucht das? Im Drift um den Supermarkt, zwei kleine Kinder auf dem Rücksitz. Diese Art des Antriebs ist schwerer zu beherrschen als ein Frontantrieb. Allerdings werden Sie bei normaler Fahrweise nie in den Grenzbereich heutiger Fahrzeuge kommen. Das Fahrzeug bricht hinten aus, ist eine typische Aussage für den Heckantrieb. Der Wagen schiebt über die Vorderachse geradeaus für den Frontantrieb. Schwieriger wird es für den Heckantrieb bei widrigen Untergründen, wie Nässe, Matsch, Schnee und Eis wie oben schon beschrieben. Die Traktion und die Spurtreue nehmen deutlich ab, je ungünstiger die Fahrbahnverhältnisse werden. Auch bei Aquaplaning schneidet der Frontantrieb besser ab.

Allradantrieb

Kommen wir zum Allradantrieb. Es gibt mittlerweile in jeder Fahrzeugklasse einige Angebote mit Allradantrieb. Selbst für die Kleinsten soll dieser Antrieb Vorteile bringen. Er hat Vorteile, ganz klar. Aber wo liegen die? Kann man pauschalieren und sagen, dass nur bestimmte Fahrzeuggruppen die Vorteile richtig nutzen können? Nein, eindeutig nein. Auch hier ist wichtig, zu wissen, wie Sie dieses Fahrzeug nutzen, welchen Zweck es erfüllen muss, um die richtige Art des Allradantriebs zu wählen.

Sie fahren nur in die Stadt zum Einkaufen, zum Job und etwas privat. Sonst keine besondere Verwendung. Eindeutig ein kleinerer Wagen mit Frontantrieb, wenn wir nur die Seite des Antriebs in Bezug auf die Nutzung betrachten. Aber da ist doch der Hügel vor Ihrem Haus, der im Winter schlecht oder gar nicht geräumt wird? Was ist damit? Da steht mein Auto sowieso unten und ich gehe den Rest zu Fuß. Speziell dann, wenn es oben freie Parkplätze gibt, müssen Sie zu Fuß gehen und unten parken. Was ist mit dem Einkauf? Mit den Kindern? Mit der Sicherheit auf glatten Gehwegen? Mit einem Allrad und guten Winterreifen können Sie diese Hürde wahrscheinlich meistern.

Ich habe eine Hütte in den Bergen, die ich zwei Mal im Jahr nutze. Das sollte als Grund für die Anschaffung eines großen Geländewagens nicht reichen. Ich muss schwere Anhänger ziehen und möchte auch ohne schnell und komfortabel unterwegs sein. Dieser Grund zieht schon eher. Ich brauche viel Platz für meine Sportausrüstung, ist ein plausibler Grund, der die teure Anschaffung rechtfertigt. Ja rechtfertigt! Zurzeit sind die Fahrer von Geländewagen arg in der Diskussion. Vor allem der Umweltschutz spielt hier eine Rolle, sagen die Gegner. Es gibt aber auch kleine Geländewagen, die fast so sparsam laufen wie ein Kleinwagen und oben drauf mehr aktive und passive Sicherheit bieten, als nur Front- oder Heckantrieb.

Sehen wir uns die verschiedenen Arten des Allradantriebs genauer an! Es gibt den permanenten, den automatisch und den manuell zuschaltbaren Vierradantrieb.

Permanenter Allrad

Der permanente Antrieb ist immer kraftschlüssig. Das heißt, es wird die Kraft immer auf alle vier Räder verteilt. Die Verteilung erfolgt zu 25% auf jedes Rad. So werden Lastwechselreaktionen gemindert. Die Räder drehen nicht so schnell oder gar nicht durch, auch auf unsicheren Untergründen. Kurz gesagt, Sie sind sicherer unterwegs, immer! Sie werden die Vorteile dieses Systems wahrscheinlich nie wahrnehmen, außer bei Schnee und Eis, wo der Vortrieb besser funktioniert als bei nur einer angetriebenen Achse. Ich setze voraus, dass Sie vernünftig unterwegs sind! Die Vorteile des permanenten Allradantriebs finden Sie auch bei sehr hohen Geschwindigkeiten. Das ist auch ein Grund, warum dieses System oft in schnellen Limousinen eingesetzt wird. Die Vorteile erkennen Sie erst bei hohem Tempo, wo diese Fahrzeuge wesentlich stabiler auf der Straße liegen, als andere mit nur einer angetriebenen Achse. Auch bei schlechteren Fahrbahnverhältnissen sind Sie sicherer unterwegs, da die Lastwechselreaktionen fehlen. Lastwechselreaktionen treten auf, wenn Sie bei hoher Geschwindigkeit in Kurven plötzlich vom Gas gehen. Der Heckantrieb wird hinten ausbrechen, der Frontantrieb schiebt über die Vorderachse, das heißt, die Fahrzeuge sind in diesem Moment nicht oder nur sehr schwer zu beherrschen. Diese Reaktion fehlt dem permanenten Allrad weitgehend, da jedes Rad nur mit 25% angetrieben wird und nicht wie beim Antrieb einer Achse mit 50% pro Rad. In Grenzsituationen, von denen ich hier schreibe, bei denen das Fahrzeug zu 100% mit der Seitenführung beschäftigt ist, um nicht auszubrechen, unterbrechen wir den sensiblen Zustand durch Gas wegnehmen und überfordern so Reifen und Fahrwerk. Es macht einen enormen Unterschied, ob man pro Rad 25% oder 50% verändert. Denselben Effekt erreichen Sie auch, wenn Sie in diesen Grenzsituationen Gas geben oder bremsen.

Dieser Antrieb bringt vor allem zusätzliche aktive und passive Sicherheit auf der Straße. Abseits der befestigten Wege sind diese Fahrzeuge oft nicht tauglich, da sie vor allem für hohe Geschwindigkeiten gebaut werden. Die geringe Bodenfreiheit ist das Problem. Das gilt natürlich nicht für Geländewagen mit permanentem Allrad, die extra dafür gebaut werden. Diesen Vorteil der Geländegänger erkaufen Sie aber mit Nachteilen auf der Straße, Autobahn und mit einem höheren Kraftstoffverbrauch.

Es gibt noch eine Art des permanenten Allradantriebs, den mit variabler Antriebsverteilung. Er soll automatisch den Kraftschluss der Räder variabel zur Straße herstellen bei wechselnden Untergründen. Das bedeutet, dass Sie mit den rechten Rädern auf Eis fahren und mit den linken auf trockenem Teer. Egal, was Sie tun, die Automatik des Antriebs wird's schon richten, kümmert sich um jedes Rad einzeln. Allerdings werden hier Lastwechselreaktionen provoziert, durch die Veränderung der Kraftverteilung, die sich nicht so stark auswirken wie beim Antrieb einer Achse. Aber trotzdem, mir fehlt das klar definierte Fahrverhalten.

Es gibt noch die Verteilung des Kraftflusses zwischen Vorder- und Hinterachse im Verhältnis 70:30 und andere. Auch diese Verteilung ist variabel und wird im Bedarfsfall von der Elektronik geregelt.

Wie gesagt, im Normalfall kommen Sie nicht in Situationen, wo Sie die Vorteile dieser Regelung spüren. Wo Sie es merken, ist beim Anfahren auf schlechten Untergründen, überwiegend auf Eis und Schnee. Ansonsten sind die Grenzbereiche dieser Wagen so hoch, dass bei normalem Einsatz die Grenzen nicht überschritten werden.

Warum brauche ich das? Es gibt Situationen, wo sich diese Verteilung des Antriebs positiv auswirkt. Sie fahren mit 200 km/h auf der Autobahn. Plötzlich schert ein LKW, der Sie übersehen hat, obwohl Sie mit Licht fahren, aus. Wenn Sie nun auf die dritte Fahrbahn wechseln, werden Sie dieses System zu schätzen wissen. Der Frontantrieb würde geradeaus schieben, beim Heckantrieb das Heck ins Schleudern geraten, der oben beschriebene Allradantrieb bleibt wesentlich länger in der Spur und beherrschbar.

Ich fahre keine 200 km/h auf der Autobahn! Sie fahren in der Stadt, mit den vorgeschrieben 50 km/h. Plötzlich müssen Sie ausweichen! Auch hier kommen diese Vorteile zum Tragen.

Auch beim Bremsen wirkt sich dieser Antrieb positiv aus. Der Wagen bleibt auch hier stabiler in der Spur, noch bevor das ABS eingreift.

Bei einer Probefahrt können Sie das selbst erleben. Fahren Sie mit einem Front- oder Heckantrieb schnelle Autobahnkurven. Der Frontantrieb schiebt vorn nach außen, der Heckantrieb möchte mit dem Heck nach außen. Fahren Sie mit einem Allrad dieselbe Strecke, Sie merken den Unterschied. Er bleibt wesentlich länger neutral.

Allrad zuschaltbar

Der zuschaltbare Allradantrieb, manuell oder automatisch, kommt vor allem bei kleinen Wagen und bei Geländewagen zum Einsatz. Hier kommt der Allrad nur im Bedarfsfall zur Geltung. Man versteht darunter das Fahren in schwierigem Gelände, bei Schnee und Eis als Anfahrhilfe, zur Verbesserung der Traktion usw. Im Normalbetrieb fährt der Wagen mit Front- oder Heckantrieb. Die Vorteile des oben beschriebenen Antriebs finden Sie hier nicht, weil er eben nicht permanent ist. Es macht auch keinen Sinn, bei manueller Zuschaltung, immer mit dem Allrad zu fahren, da sich der Antriebsstrang in Kurven verspannen kann oder bei normaler Fahrt das Auto vibriert.

Warum dann dieser Antrieb, zuschaltbar und nicht permanent? Er ist einfacher im Aufbau, vergleichbar mit der Lkw-Technik, günstiger zu produzieren, und kommt normalerweise ohne viel Elektronik aus. Ein wichtiges Argument im Verkauf für diesen Antrieb ist der geringere Verbrauch. Darum zuschaltbar, kein Kraftschluss, geringerer Verbrauch. Es gibt Leute, die das sogar glauben! Nicht nur technische Laien, auch sogenannte Fachleute. Es ist egal, ob der Antrieb kraftschlüssig ist oder nicht, angetrieben wird er so und so. Wenn nicht direkt über den Motor, dann über die Räder, die den gesamten Antrieb bewegen. Dafür brauchen Sie Kraftstoff. Ob Sie einen Wagen ziehen oder schieben ist egal, das Problem ist sein Gewicht, der Luft- und der Rollwiderstand. Dafür brauchen Sie Energie!

Wo macht dieser Antrieb Sinn? Na eben für Fahrzeuge, die sich überwiegend auf der Straße bewegen und im Fall der Fälle alle vier Räder antreiben können. Das ist in schwierigem Gelände der Fall, aber auch bei dem berühmten Hügel vor dem Haus im Winter.

So oder so. Überlegen Sie sich die Vorteile für diese Art des Antriebs für Ihren persönlichen Bedarf gut, die Kosten sind auf jeden Fall höher. In der Anschaffung und im Verbrauch.

Getriebe

Welches Getriebe hätten Sie den gern? Diese Entscheidung richtig zu treffen, ist heute eine Wissenschaft für sich. Es geht nicht nur um die Frage, Automatik oder manuell, nein, Sie müssen sich noch zwischen vielen verschiedenen Gängen entscheiden.

Manuelle Schaltbox

Manuelle Schaltbox, heißt das heute so schön, früher war das einfach ein Getriebe, aber das ist nicht mehr zeitgemäß. Beim manuellen Getriebe geht es noch einigermaßen. Vier, fünf oder sechs Gänge, was ist optimal für mich? Die Entscheidung richtet sich wieder nach der Verwendung. Häufiger Stadtverkehr kommt mit vier Gängen aus. Allerdings gibt es fast keine Fahrzeuge mehr mit vier Gängen. Als Gebrauchte sind noch welche im Angebot, aus diesem Grund führe ich das hier mit auf. Gemischter Einsatz, Stadtverkehr, Landstraßen und Autobahn zu gleichen Teilen, ein fünfter Gang sollte schon sein. Überwiegend Autobahn, viele lange Strecken, sechs Gänge wären schön, wenn sie als solche nutzbar sind.

Sechs Gänge sind sechs Gänge, was soll das? Es ist eben nicht so! Wenn bei einem Getriebe der fünfte oder sechste Gang als Spargang ausgelegt ist, dann kommt er nicht so oft zum Einsatz, wie ein normaler Fahrgang. Vor allem bei Steigungen und beim Überholen bringen diese Gänge nicht das, was man von ihnen erwartet. Sie sind einfach lahm. Sie können auch nicht anders, weil diese lange Übersetzung bei den theoretischen Verbrauchsangaben eine große Rolle spielt.

Sollten Sie auf hohe Geschwindigkeiten keinen großen Wert legen und an Steigungen kein Problem haben, wenn Sie schalten müssen, dann kann das die richtige Entscheidung sein. Ein lang übersetzter Gang alleine bringt's nicht. Wie wir oben schon beschrieben haben, ist auch hier das Drehmoment sehr wichtig. Wenn die beiden nicht harmonieren, die Übersetzung und das Drehmoment, dann werden Sie keine Freude haben, der Verbrauchsvorteil ist marginal wenn überhaupt vorhanden. Testen können Sie das, wie oben erklärt. Fahren Sie 100 km/h, legen Sie den höchsten Gang ein, geben Vollgas und warten Sie, was passiert. Wenn Sie lange warten müssen, sich nichts tut, dann spricht das nicht für die Motor-Getriebekombination.

Automatikgetriebe

Stellung D einlegen und ab geht die Post. Der Rest wird automatisch erledigt. Viele haben heute noch eine Abneigung gegen diese Art zu fahren. Omas und Opas nutzen diese Getriebe, weil sie nicht mehr anders können, wird oft argumentiert. Dabei gibt es einige nicht zu verachtende Vorteile, außer, dass Sie nicht schalten müssen. Beim Anfahren auf glatten Untergründen geht das wesentlich einfacher als mit dem herkömmlichen Getriebe. Sie legen die Fahrstufe ein, lösen die Bremse, und schon beginnt der Wagen mit Standgas langsam zu rollen. Die Räder drehen nicht durch, er versetzt nicht, weil Sie zu viel Gas geben, sondern bleibt sicher in der Spur. Die Lastwechselreaktionen, siehe oben, werden gemildert, dient der Fahrsicherheit. Der Verschleiß, Kupplung und Getriebe, ist deutlich geringer, niedrigere Folgekosten bedeutet das.

Die Anschaffungskosten sind höher, bekommen Sie aber beim Verkauf zum Teil wieder. Das Image der

Automatikfahrer ist nicht das Beste, wird aber immer besser.

Automatikgetriebe gibt es so viele verschiedene, dass es wirklich nicht leicht ist, die richtige Kombination zu finden. Allerdings nehmen Ihnen oft die Hersteller die Entscheidung ab, weil es ab einem bestimmten Hubraum keine manuellen Getriebe mehr gibt. Die Kupplung würde das nicht verkraften.

Es kommt darauf an, was Sie von einem Getriebe erwarten. Wie Sie unterwegs sein wollen. Bequemes Fahren, sich voll auf den Verkehr konzentrieren können, das funktioniert mit einer Automatik sehr gut. Stopp and Go im Stadtverkehr, auch hier sind Sie mit diesem Getriebe gut beraten. Auch auf langen Strecken sind diese Getriebe nicht ohne. Sie können jederzeit beschleunigen, im richtigen Gang, ohne selbst schalten zu müssen. Die Automatik erledigt das.

Der Verbrauch ist etwas höher als bei einem manuellen Getriebe. Allerdings sind die Verbrauchsnachteile bei den modernen Automaten längst nicht mehr so gravierend wie früher. Oft gibt es sogar Vorteile beim Verbrauch in der Praxis, weil Sie mit diesen Getrieben immer im höchstmöglichen Gang fahren, also mit niedriger Drehzahl. Es gibt heute noch viele Lenker, die in der Stadt mit dem zweiten oder dritten Gang unterwegs sind, wo doch der Vierte oder Fünfte möglich wäre, sie somit mehr Kraftstoff als nötig verbrauchen.

Die unterschiedliche Anzahl der Gänge ist oft nur Geschmacksache. Manchmal habe ich den Eindruck, dass die Hersteller die Anzahl der Schaltstufen mit technischem Vorsprung verwechseln, die dann mit sieben Gängen nicht zu fahren sind, weil die Abstimmung zu nervös ist und auch so agiert. Da hilft auch kein manueller Eingriff in den Schaltapparat mit verschiedenen Einstellungen, wie Sport, Normal oder Komfort. Es kann sehr lästig sein, wenn bei der kleinsten Veränderung der Gaspedalstellung sofort das Getriebe schaltet, ohne dass es nötig wäre. Ein Getriebe, das nicht reagiert, ist auch nicht schön zu fahren. Jedes Mal Kick-down beim Beschleunigen verliert mit der Zeit seinen Reiz.

Machen Sie eine ausgiebige Probefahrt. Testen Sie alle Varianten, die das Getriebe bietet. Fahren Sie langsam, fahren Sie schnell, fahren Sie vor allem so, wie Sie normalerweise unterwegs sind. Wenn Sie sonst nicht stundenlang Vollgas fahren, warum jetzt bei der Probefahrt? Das bringt Ihnen nichts, weil Sie wertvolle Zeit verlieren, das Fahrzeug auf Ihren Bedarf hin zu testen.

Fazit

Umso besser Sie sich vorbereiten, umso eher und günstiger kommen Sie zum richtigen Auto. Natürlich ist es anstrengend, alle Tipps zu befolgen und durchzuführen, aber es geht hier um eine Investition, die Sie über einen längeren Zeitraum begleitet und entweder freut oder nervt.

Die Entscheidung liegt bei Ihnen! Geben Sie die Schuld nicht dem Verkäufer oder Hersteller, Sie haben die Wahl!

Mit ein bisschen Anstrengung können Sie sich zusätzlich noch einen Urlaub oder ein paar neue Möbel leisten. Ist das nichts?

2. Wo kaufen und warum?

Sie wissen jetzt, wie das Auto aussehen soll und wie Sie bezahlen wollen! Nun geht es noch darum, wo und warum Sie das Auto dort kaufen, wo Sie es kaufen!

Prioritäten

Was ist für Sie die wichtigste Komponente beim Kauf eines Autos? Für viele wird der Preis an erster Stelle stehen, wo sich laut landläufiger Meinung viele fabrikatsgebundene Händler verabschieden müssen. Das Internet ist viel günstiger! Den Gebrauchten kauft man nur privat! Re-Import-Fahrzeuge sind unschlagbar in Preis und Leistung!

Ich rate Ihnen ab, **sich nur am Preis und diesen Vorurteilen zu orientieren!** Natürlich spielt der Preis eine große Rolle bei dieser Veranstaltung. Aber er ist nur ein kleiner Teil in der Zeit, in der Sie das Auto nutzen. Den Preis haben Sie bald vergessen, das Auto fahren Sie länger.

Wie wir schon bei der Finanzierung gesehen haben, ist nicht nur ein Weg der richtige. Was ist wichtig, im Lauf der Zeit betrachtet? Es geht schon los bei der Bedienung und Beratung. Weiter geht es mit der Einhaltung von Terminen und der Sauberkeit, Vollzähligkeit des Fahrzeugs bei der Übergabe durch den Händler. Was ist mit dem Service in der Zeit danach? Wer ist Ihr Ansprechpartner in Zukunft für alle Probleme oder Themen rund ums Auto?

Internetkauf

Wenn Sie im Internet kaufen, haben Sie keinen Service? Wer sagt das? Ich nicht, selbst wenn Sie das den obigen Zeilen entnehmen möchten. Alle seriösen Händler sind im Internet mit ihrem Angebot vertreten. Warum soll das dann mit der Bedienung und Betreuung nicht funktionieren? Natürlich kann das funktionieren! Aber der Händler ist 500 km von Ihnen weg, das hat sich rentiert, wegen einem Betrag von € 2.000. Aber die Betreuung hinterher funktioniert nicht so, weil er eben zu weit weg ist. Das ist ein Haken bei der Sache! Ich gehe einfach zu der Werkstatt, wo ich meine Autos immer gekauft habe und reparieren ließ. Der muss das doch verstehen! Muss er nicht!

Sie haben eine Versicherungsagentur. Ihr Freund versichert alles günstig über Anbieter im Internet. Bei Problemen helfen Sie ihm gern, kostenlos, ist doch klar. Wie lange?

Es kann Ihnen passieren, dass Sie den Termin zur Garantiereparatur viel später bekommen, als Sie das gewohnt sind. Es kann sein, dass der kostenlose Leihwagen nicht mehr zur Verfügung steht. Später gibt es vielleicht Probleme mit der Kulanz, die bisher sehr großzügig gehandhabt wurde. Sie müssen die Reparatur vorab bezahlen und selbst beim Hersteller einen Kulanzantrag stellen. Das war bisher nicht so! Ob dieses Verhalten der Werkstatt in Ordnung wäre, ist eine Sache, dass man bei genauerer Betrachtung Verständnis haben kann, die andere.

Wenn Sie also außerhalb Ihres Wohnsitzes ein Fahrzeug kaufen, dann sollten Sie sich sehr genau überlegen, wie es mit der Werkstatt weitergeht. Einfach zu einer freien Werkstatt fahren ist nicht so einfach, selbst wenn die Hersteller das mittlerweile akzeptieren müssen, wenn woanders der Service fachgerecht durchgeführt wurde. Bei Garantieleistungen verhält sich das anders. Erstens ist nicht gesagt, dass der freundliche Mechaniker den Schaden überhaupt reparieren kann, weil er nicht die Info hat wie eine fabrikatsgebundene Werkstatt, zweitens kann es Probleme mit der Abwicklung geben, sprich mit der Bezahlung.

Überlegen Sie vorher, wie wichtig Ihnen die Betreuung, der Service für Ihr Fahrzeug und Ihre Bequemlichkeit ist! Selbst wenn Sie nur Ärger haben und keinen finanziellen Verlust, sollten Sie sich das vorher überlegen.

Sie können sich aber im Internet ein Auto aussuchen und dann Ihren bisherigen Händler damit konfrontieren. So hat er eine Chance, Ihnen ein Auto zu verkaufen und Sie als Kunden zu halten. Selbst wenn die Differenz sehr groß ist zu seinem Preis, sollten Sie noch andere Möglichkeiten, Sondermodelle, Finanzierung und Inzahlungnahme, abklopfen. Allerdings ist das die Aufgabe des Verkäufers, Ihnen ein Angebot mit allen Vorteilen seines Hauses für Sie zu machen.

Es treten noch weitere Probleme auf, wenn Sie außerhalb kaufen wollen. Wie geht das mit der Finanzierung, was mache ich mit meinem jetzigen Wagen, wie geht das mit der Bezahlung? Vorher per Überweisung? Am Tag der Abholung lesen Sie am Eingang ein Schild mit der Aufschrift: „Sind auf Mallorca, bis bald!"

Keine Zahlung vorab, aus oben genannten Gründen! Egal wo und bei wem!

Im Internet werden von allen möglichen und unmöglichen Händlern Fahrzeuge aus dem Ausland angeboten. Das ist bis hierher noch kein Fehler. Worauf müssen Sie achten, bei Fahrzeugen aus dem Ausland? Neu oder gebraucht.

Neuwagengarantie und Kulanz

Bei Neufahrzeugen ist die Garantie wichtig. Selbst wenn sie heute zwei Jahre beträgt, kann ein halbes Jahr weniger doch Sorgen und Verluste verursachen. Die Hersteller gewähren die Garantie oder Gewährleistung ab dem Zeitpunkt der Zulassung, so ist das bei uns üblich. Nicht aber bei Re-Import-Fahrzeugen. Da beginnt die Garantie mit der Einfuhr nach Deutschland. Der Wagen steht sechs Monate bei dem Händler auf dem Hof und die Garantie läuft bereits. Das halbe Jahr fehlt Ihnen. Ein weiteres Problem ist die Kulanz bei diesen Fahrzeugen. Die Hersteller und Händler sind bei diesen Fahrzeugen von freiwilligen Leistungen nicht sehr begeistert und gewähren sie meistens nicht.

Ein weiteres Problem kann sich ergeben, wenn Sie den Kundendienst nicht fristgerecht durchführen lassen. Nach einem Jahr oder 20.000 km steht in der Bedienungsanleitung. Wann beginnt die Frist zu laufen? Mit der Zulassung auf Ihren Namen oder mit der Einfuhr nach Deutschland? Garantieantrag abgelehnt wegen Überschreitung der Serviceintervalle! Informieren Sie sich vorher, nicht, dass das gesparte Geld in Reparaturen investiert werden muss, weil Sie sich nicht informiert haben, wurden. Sie müssen sich informieren! Der Verkäufer versucht nur zu verkaufen. Er wird Ihnen keine negativen Aussagen freiwillig liefern. Das tun viele nicht einmal bei einem Unfallschaden, obwohl sie mittlerweile per Gesetz dazu verpflichtet sind.

Fragen Sie sehr deutlich nach dem ersten Termin für den Kundendienst. Wann ist der fällig? Fragen Sie auch, ob Durchsichten für die Rost- oder Lackgarantie nötig und vorgeschrieben sind. Wenn Sie diese Durchsichten nicht einhalten, können Sie die Garantieansprüche verlieren. Lassen Sie sich die Aussagen der verkaufenden Firma schriftlich bestätigen. Sollte es sich um einen Wald- und Wiesenhändler handeln, dann ist gut möglich, dass er die Termine nicht weiß und falsche Angaben macht. Schützt Sie als Halter des Fahrzeugs aber nicht. Auch die schriftliche falsche Bestätigung hilft nicht, wenn er die Pforten für immer schließt.

Sie können sich in dem Fall direkt beim Hersteller oder bei einer Vertragswerkstatt informieren. Hier können Sie zuverlässige Informationen erhalten.

Billiger

Wenn Sie sich für ein importiertes Fahrzeug interessieren, dann vergleichen Sie unbedingt die Ausstattung mit den Fahrzeugen, die bei uns angeboten werden! Es gibt hier große Unterschiede. Es kann sein, dass wesentliche Ausstattungen im Ausland nicht angeboten werden oder nicht zur Serienausstattung gehören. Sie vergleichen nur den Namen der Wagen und denken, das ist dieselbe Ausstattung wie bei uns. Das kann leicht nach hinten losgehen. Bei eigenen Recherchen stellte ich fest, dass es in verschiedenen Ländern noch Fahrzeuge ohne ABS gibt, das bei uns längst zur Serie gehört. Auch bei der Klimaanlage und ESP müssen Sie aufpassen, wenn Sie darauf Wert legen. Wie viele Airbags sind Ihnen wichtig? Auch Kleinigkeiten gehören oft nicht zum Stand der Serie bei diesen Autos. Vergleichen Sie! Oft kann man bei den Angeboten im Internet lesen, dass verschiedene Ausstattungen, bei uns Serie, ganz nach den Wünschen des Kunden bestellt werden können. Darauf sollten Sie achten und stutzig werden! Wenn Sie diese Ausstattungen zusätzlich ordern, dann relativiert sich auch der Preisvorteil.

Ich suchte einen Zweitwagen und hatte bestimmte Vorstellungen. Es sollte ein sportliches Fahrzeug mit entsprechender Ausstattung sein. In Deutschland wurde so ein Modell von einem Hersteller angeboten, das die Ausstattung bot, die ich gern gehabt hätte. Als Sondermodell noch mit Preisvorteil.

Ich suchte im Internet nach diesen Modellen, um mir einen Eindruck zu verschaffen. Die waren alle gleich im Preis und Ausstattung bis auf ein paar Kleinigkeiten, die aber nicht störten. Ein Angebot war aber deutlich billiger als alle anderen. Es war ein Unterschied von ca. 20%. Ich rief da an und wollte die Verfügbarkeit, den Liefertermin wissen. Sofort lieferbar, steht bei uns auf dem Hof. Das ist toll! Woher kommt das Auto? Aus dem Süden Europas. Ist die Ausstattung identisch mit der bei uns bei diesem Modell. Nicht ganz, ein paar Kleinigkeiten hat er nicht. Was fehlt den? Keine Antwort. Wenn er von Kleinigkeiten spricht, dachte ich, fehlt dann das Lederlenkrad? Ja, das fehlt. Hat er die Sportsitze, die abgedunkelten Scheiben hinten, die Klimaautomatik, das Sportfahrwerk, die Leichtmetallfelgen, ABS und das Soundpaket. Nein, das hat er nicht. Woher dann die Bezeichnung Sport? Es handelt sich um ein Hausmodell, von uns gestaltet. Wahrscheinlich haben die einen Ball oder Sportschuhe in den Kofferraum gelegt und so den Begriff Sportmodell gerechtfertigt.

Also vergleichen Sie die Ausstattung! Der Preis ist das nächste Thema, worauf Sie achten müssen. Es kommt nur auf den Endpreis an. Inclusive aller Steuern, Gebühren, Fracht und Übergabeinspektion. Der muss irgendwo im Vertrag stehen und verbindlich sein. Unverbindliche Preisaussagen können Sie sofort vergessen. Die Argumente der Verkäufer, das kann man noch nicht so genau sagen, die Preise ändern sich täglich, ist sowieso so günstig, das ist nur Kleinvieh, sollten Sie nicht zur Unterschrift verleiten. Im Gegenteil, Sie sollten das Haus ohne Unterschrift verlassen oder die Internetseite schließen.

Paket ist wichtig

Wie ist das mit dem Preis bei diesen Fahrzeugen. Man hört immer wieder, dass sich locker ein paar Tausend Euro sparen lassen. Das kann schon sein! Aber selbst die Preisvergleiche, auch bei sonst seriösen Medien, entsprechen nicht immer der Wahrheit. Es wird der Preis aus der Liste für ein deutsches Angebot mit dem Preis aus dem Internet verglichen. Das hinkt, weil Sie auch bei uns Rabatt bekommen. Dann gibt es noch verschiedene Sondermodelle mit sehr guten Angeboten. Auch die Finanzierungs- und Leasingsonderkonditionen dürfen wir an dieser Stelle nicht vergessen. **Es kommt auch hier auf das Paket an**, wie wir schon besprochen haben.

Was Sie bei der Kalkulation nicht vergessen dürfen, ist der Ort der Abholung. Wie weit ist das weg, wie bekomme ich das Fahrzeug? Brauche ich Urlaub, einen zweiten Fahrer? Wie funktioniert das mit dem Zug oder ist ein Mietwagen besser? Kann ich den an Ort und Stelle abgeben oder entstehen für die Abholung des Leihwagens zusätzliche Kosten?

Gehen Sie zu Ihrem, oder und zu einem anderen Händler und lassen Sie sich Angebote vor Ort erstellen. Angebote von zwei oder mehreren Händlern sind besser, vor allem wenn der eine von dem anderen weiß. Dann vergleichen Sie ganz objektiv die Angebote miteinander. Nicht immer, aber oft werden Sie staunen, dass die Unterschiede zum Internetangebot oft sehr gering sind, vor allem dann, wenn alles in die Kalkulation einfließt.

Eigenimport

Bei einem Import, den Sie selbst organisieren, ist diese Kalkulation noch wichtiger. Welche Ämter brauche ich, um das Auto einführen zu können? Gibt es Unterschiede bei verschiedenen Herkunftsländern? Was ist mit der technischen Abnahme? Sind Umbauten nötig, entspricht das Auto den deutschen Bestimmungen? Was ist mit der Abgasnorm? Was kostet das alles? Sagen Sie nicht einfach, das wird schon passen! Rechnen und kalkulieren Sie!

Ein Fahrzeug aus Übersee, warum nicht! Der Transport mit oder ohne Container? Ohne Container kann es passieren, dass das Auto stark beschädigt ist, wenn es ankommt. Ein Container ist sehr kostspielig. Beachten Sie das!

Was ist mit den Terminen? Wer garantiert dafür? Kein Mensch! Sie werden zwar alle Zusagen bekommen, die Sie möchten, aber dass auf ein gültiges Dokument schreiben, das geht leider nicht. Aber es wird schon klappen.

Vielleicht muss es gar nicht so umständlich sein, ein günstiges Re-Importfahrzeug zu bekommen? Viele Fabrikatshändler bieten diesen Service auch an. Hier können Sie an Ort und Stelle die Angebote vergleichen und haben noch dazu einen Ansprechpartner vor Ort.

Händlerauswahl

Wie erkenne ich einen seriösen Händler im Internet oder sonst wo? Den erkennen Sie sofort, wenn es Probleme gibt und Sie den Händler in die Verantwortung nehmen wollen!

Es kommt oft vor, dass vor allem sogenannte freie Händler, öfter das Namensschild an der Firma wechseln. Nach einem halben Jahr existiert die Firma nicht mehr, keiner ist zuständig, obwohl es dieselben Leute sind wie vor sechs Monaten, als Sie den Wagen kauften.

Auch eine pompöse Fassade, ein feiner Anzug und saubere Schuhe sagen nichts über die Seriosität der Firma und deren Mitarbeiter. Umgekehrt ist es natürlich kein Beweis für Seriosität, wenn die Bude nur von ein paar Nägeln gehalten wird und das Personal schlampig und ungepflegt daherkommt.

Wenn Sie den Händler wechseln möchten, keine eigene Erfahrung haben mit anderen, dann versuchen Sie, über Freunde oder Bekannte etwas zu erfahren. Wo hat der sein Auto gekauft, wie war die Abwicklung, wurden alle Zusagen eingehalten? Und selbst eine positive Auskunft soll Sie nicht dazu verleiten, leichtsinnig zu werden!

Es gibt im Internet Foren, wo Sie mehr über den künftigen oder bisherigen Händler erfahren können.

Ich möchte Ihnen auf keinen Fall extremes Misstrauen einreden. Aber es kann nicht schaden, wenn Sie vorsichtig bleiben und selbst Verantwortung übernehmen.

Stellen Sie ein paar unangenehme Fragen und sehen Sie, wie der Verkäufer reagiert und ob er bereit ist, alles schriftlich zu fixieren. Verkäufer ist Verkäufer. Das gilt auch für die weiblichen Vertreter dieses Berufsstands!

Gebrauchtwagen

Die bisherigen Themen beziehen sich überwiegend auf den Kauf von Neuwagen. Was aber ist mit den Gebrauchten? Wo soll ich mich da umsehen?

Auch hier ist das Angebot an Händlern sehr groß. Eine Besonderheit ist, dass sich in diesem Bereich auch private Anbieter tummeln. Auch hier ist Vorsicht geboten! Nicht alle privaten Verkäufer erzählen von dem Verdacht der Werkstatt, dass sich ein Motorschaden anbahnt. Der Privatmann ist zwar auch zur Gewährleistung verpflichtet, kann sie aber wirkungsvoll ausschließen. Und dann? Auch gibt es immer mehr, gab es schon immer, Professionelle, die sich als Privatleute ausgeben. Das hat oft den Grund, dasss sie versuchen Steuern zu sparen oder einfach der lästigen Gewährleistung aus dem Weg gehen wollen. Verständliche Gründe für einen Verkäufer, der es nicht so genau nimmt.

Sogenannter Privatmarkt

Zur besonderen Vorsicht rate ich auf den verschiedensten Automärkten, von privat an privat. Hier finden Sie sehr wenige private Anbieter. Dieser Markt ist fast ausschließlich in der Hand aller möglichen Händler. Auch die Preise sind nicht das, was diese Märkte versprechen. Von eigenen Recherchen bei verschiedenen Anbietern weiß ich, dass die Preise oft geschmalzen sind und die Qualität schlecht ist.

Machen Sie sich die Mühe und vergleichen Sie diese Angebote mit dem seriösen Handel, der ohne Wenn und Aber eine Garantie anbietet, weil er muss. Auch hier gibt es überraschende Ergebnisse.

Der echte Privatmarkt aus der Zeitung oder aus dem Internet ist nicht viel besser. Lesen Sie die Angebote der Privaten und vergleichen Sie mit dem Angebot aus dem Handel! Es kann sein, dass Sie beim Handel günstiger fahren als beim Privaten. Warum? Wo informiert sich der private Verkäufer, wenn es darum geht, den Preis für sein Auto zu erfahren? Natürlich beim Händler, wo er die höchsten Preise vermutet. Warum soll er billiger anbieten? Es kann auch sein, dass er nur den Preis möchte, den ihm sein Händler beim Kauf eines Wagens geboten hat, mehr nicht. Er weiß nicht oder vergaß, dass der Verkäufer 10 % Rabatt vom Neuwagen in den Preis des Gebrauchten eingerechnet hat, um seine Kalkulation nicht zu verraten. Das sollen Sie nun bezahlen!

Jeder Verkäufer, der sich auf dem Privatmarkt tummelt, hat wenig Interesse noch großartig teure Reparaturen durchführen zu lassen, weil er die sowieso nicht bezahlt bekommt. Oft sind diese Reparaturen der Grund für den Verkauf. Dann wartet man auf den berühmten Dummen. Dieses Verhalten ist aus Sicht des Verkäufers verständlich. Nicht fair, aber verständlich.

Natürlich gibt es auch private Anbieter, die seriös verkaufen. Die vernünftige Qualität zu einem vernünftigen Preis anbieten. Aber, wie wollen Sie als Laie das beurteilen? Dazu kommen wir noch weiter unten.

Schnäppchen aus dem Ausland

Wie man immer wieder lesen kann, gibt es sehr viele Schnäppchen vor allem im Internet und im Ausland. Es wurde schon so viel darüber geschrieben und berichtet, dass es mir fast peinlich ist, dieses Thema auch aufzugreifen.

Da gibt es Fahrzeuge aus Notverkäufen, weil er sonst sein Haus verliert, unglaublich günstig. Die Kinder brauchen neue Schuhe, darum der extrem günstige Preis. Wir wandern aus, in einer Stunde geht unser Flug. Schnäppchen aus allen Teilen Europas, sehr gern auch aus dem sonnigen Süden, € 10.000 günstiger als bei uns. Vorkasse, Anzahlung erbeten! Der Unternehmer, der sein Auto sehr billig anbietet, weil das Geld sonst die Steuer kassiert. Der Sportwagen muss unbedingt weg, weil er ihn ohne Wissen seiner Frau gekauft hat, und die will sich nun scheiden lassen, also darum dieser günstige Preis, selbst wenn es mich ruiniert. Die Papiere erhalten sie später, bezahlen sie erst mal.

Ein Hamburger fährt nach München, um einen unglaublich günstigen Wagen zu kaufen. Es war der mit Abstand billigste in der Reihe des Internetportals. Die Beschreibung und die Fotos waren in Ordnung, aber das Auto ein Totalschaden, deshalb war er noch zu haben. Was denken sich die beiden überhaupt? Denkt der Verkäufer, dass er dann schon kaufen wird, wenn er erst mal da ist, um nicht umsonst anzureisen? Denkt der Interessent, dass die in Bayern so blöd sind und so ein Schnäppchen nicht sofort kaufen?

Ein Fahrzeug, das in Deutschland aus Spanien angeboten wird und wirklich günstig ist, das muss nicht hier angeboten werden. Das geht auch in Spanien weg wie die warmen Semmeln. Sollte er bequem Schwarzgeld flüssigmachen wollen, dann ist es sowieso besser, wenn Sie die Finger weglassen.

Ein wirklich günstiges Auto ist schneller beim Handel, als wir als Laien schauen können. Da haben wir keine Chance. Der Rest ist auch für uns nicht interessant, aus verschiedensten Gründen, wie wir oben sehen können.

Sie haben ein oder mehrere Angebote gefunden, für die Sie sich näher interessieren. Nun geht es zur Besichtigung. Worauf kommt es an? Was ist wirklich wichtig und für Sie interessant?

Vertrauensbildende Urkunden und Stempel

Welche Merkmale gibt es, die zeigen, dass Sie diesem Auto und der Firma vertrauen können? Es gibt sehr viele Urkunden an der Wand im Büro des Verkäufers. Auch im Servicebereich über und über Urkunden. Hilft das was? Sehen Sie sich die Urkunden genauer an, wenn Sie daran interessiert sind, und beachten Sie die Themen, für die sie verliehen wurden. Dann sehen Sie selbst, was wichtig ist und was nicht.

Der Stempel der letzten Hauptuntersuchung bestätigt mir, dass das Auto in Ordnung ist! Nein, tut er nicht! Selbst wenn die Untersuchung vor einer Stunde war, sagt das nur, dass dieses Auto zum Zeitpunkt der Untersuchung keine oder nur geringe Mängel hatte. Mehr nicht! Es ist so wie mit den Mängeln, die nicht zu erkennen sind, wie wir oben schon erkannten. Trotzdem ist es sehr wichtig, dass Ihnen der Prüfbericht ausgehändigt wird, schon aus dem Grund, weil Sie ihn mitführen müssen. Außerdem sehen Sie, ob das Fahrzeug geringe Mängel hatte, und können nun prüfen, ob diese abgestellt sind. Sie können das nicht, weil Sie kein Fachmann sind? Fragen Sie den Verkäufer und seinen Kollegen aus der Werkstatt, worum es sich handelt, und lassen Sie sich die Reparatur am Auto zeigen. Auch Kleinigkeiten kosten Geld, später dann Ihres.

Zustandsprüfung als Laie

Wie können Sie als Laie den Zustand des Fahrzeugs prüfen? Während meiner Zeit im Verkauf gab es schon alle möglichen Ratgeber zu diesem Thema, die sich vor allem mit dem Zustand befassten und Laien Ratschläge gaben, die denen nicht helfen konnten. Da war zum Beispiel eine Frau, die klopfte mit den Fingern an die Felgen, um festzustellen, ob die durchgerostet waren. Außerdem wollte sie wissen, ob die Felgen lackiert wurden, weil das ein Zeichen für verdeckten Rost ist. Die Felgen waren lackiert, das Auto wurde nicht gekauft. Ob sie dann ein Auto mit rostigen, nicht lackierten Felgen gekauft hat, weiß ich nicht. Auf jeden Fall war mein Auto 1A in Ordnung, wurde aber wegen der ordentlich lackierten Felgen und dem Ratgeber nicht erkannt.

Was ich Ihnen hier sagen möchte, ist, dass es sehr schwer ist, sich als Laie mit diesem Thema zu beschäftigen. Als Laie sollten Sie versuchen, ein gebrauchtes Auto zu kaufen, das über eine umfangreiche Garantie verfügt. Die gibt es heute schon für zwei Jahre, in dieser Zeit sollten Sie wenigstens vor finanziellen Verlusten geschützt sein.

Das heißt nicht, dass Sie unbedingt beim Händler kaufen müssen. Auch für Private gibt es die Möglichkeit, Garantien für Gebrauchte abzuschließen. Wenn es sich um ein Schnäppchen handelt, dann können Sie diese Investition selbst tätigen!

Unteres Preissegment - Möglichkeiten der Prüfung

Wie kann ich erkennen, dass der Kilometerstand nicht in Ordnung ist? Oft erst, nachdem Sie das Fahrzeug übernommen haben. Eine Möglichkeit ist, bei der

Probefahrt die Werkstatt aufzusuchen, die im Wartungsheft eingetragen ist, die Wartungen durchgeführt hat. Fahren Sie da vorbei und fragen Sie nach dem Zustand des Wagens aus deren Sicht, ob Mängel bekannt sind, ob das Fahrzeug einen Unfall hatte und wie sich das mit dem Kilometerstand verhält, ob der in Ordnung ist? Wenn Sie ihm die Wartung des Wagens für die Zukunft in Aussicht stellen, wird er vielleicht noch bereiter Auskunft geben. Manchmal soll auch ein kleines Trinkgeld helfen.

Eine weitere Möglichkeit ist den letzten Kundendienst zu prüfen laut Serviceplan. Der war vor zwei Jahren und vor 10.000 km. Die Laufleistung vorher war, zwischen den Wartungen 20.000 km in einem Jahr. Jetzt fehlen 30.000 km, die sollte er schlüssig und ohne Nachdenken erklären können. Warum wurde der letzte Service vor einem Jahr nicht durchgeführt?

Vielleicht ist das Auto aus zweiter Hand und Sie können in den Papieren sehen, wer den Wagen vorher gefahren hat. Ein Anruf sollte sich rentieren und die Frage nach der damaligen Laufleistung und einem etwaigen Unfallschaden.

Vielleicht hilft auch der Beruf oder die Tätigkeit des Verkäufers weiter? Ein Handlungsreisender mit ganz Deutschland als Gebiet kann die 25.000 km im Jahr nur sehr schwer erklären, weil diese Berufsgruppe deutlich mehr fährt. Die Hausfrau mit dem Zweitwagen wird mit 5.000 km im Jahr weniger Probleme haben. Bei dem Pendler, der beiläufig erzählt, dass er täglich 100 km zur Arbeit fährt, lässt sich mit einer einfachen Rechnung der Kilometerstand auf Plausibilität prüfen.

Wenn Sie nach dem Kauf feststellen, dass hier gedreht wurde, dann ist es meist schon zu spät. Versuchen Sie trotzdem Ihr Glück, ohne unnötig zusätzlich Geld zu vernichten.

Zustandsprüfung

Auch hier gibt es alle möglichen Institutionen, bei denen Sie den Wagen prüfen lassen können, gegen Gebühr natürlich. Auch hier ist das nur eine Prüfung ohne Zerlegen der Bauteile, versteckte Mängel können hier nicht entdeckt werden. Allerdings sollte sich feststellen lassen, ob der Wagen gravierende Mängel aufweist, wie der Zustand der Reifen, der Bremsen, Auspuff usw. ist. Auch Undichtigkeiten werden erkannt, die oft teure Reparaturen verursachen. Reparierte Unfallschäden können bei dieser Gelegenheit auch erkannt werden, wenn auch nicht immer der genaue Umfang, das ist nicht möglich, aber ob ein Schaden behoben wurde und in welcher Qualität, das lässt sich erkennen. Der Prüfer kann Ihnen auch die Kosten für die Behebung eventueller Mängel, Bremsen, Kundendienst, Auspuff usw., nennen, damit Sie eine ungefähre Größe für Ihre Kalkulation haben.

Diese Kosten müssen dann auch in die Preisverhandlung mit einfließen. Hier haben Sie ein Mittel an der Hand, um den Kaufpreis zu senken. Weisen Sie den Verkäufer auf die Mängel und die Kosten hin und verwenden Sie das als Hebel für die Preisverhandlung. Wenn Sie das Auto wirklich möchten, sich von den Mängeln nicht abschrecken lassen, weil sie nicht so schlimm sind, dann sollten Sie versuchen, über diesen Weg den Preis zu senken. Eine 100%ige Übernahme der Kosten wird nur schwer zu verhandeln sein, eine Teilung kann aber für beide Seiten fair sein.

Sie können auch zur Werkstatt Ihres Vertrauens fahren, wenn die nicht selbst einen schwunghaften Handel betreiben. Selbst wenn, wenn Ihr Händler nicht das richtige Fahrzeug für Sie hat, dann müssen Sie sich anderweitig umsehen. Das sollte er verstehen. Wie gut kennen Sie den Serviceberater? Vielleicht macht der keine Zicken und ist froh, wenn Sie mit dem neuen Gebrauchten wieder zu ihm kommen.

Selbst ernannte Fachleute

Es gibt viele Männer, die denken, weil sie ein Mann sind, haben sie von Haus aus technisches Verständnis und kennen sich vor allem mit Autos aus. Das ist leider ein Irrtum! Nur weil ich sehr gut essen kann, kann ich noch lange nicht kochen!

Wenn Sie einen dieser Fachleute mitnehmen, dann sehen Sie gut nach, was er tatsächlich von diesem Thema versteht. Wenn er diesen Beruf nicht gelernt hat, dann wird es in der heutigen Zeit, bei dem Stand der Technik, sehr schwer tatsächlich Fehler zu erkennen. Oft ist es so, dass Sachen beanstandet werden, die ganz normal sind. Ein angerosteter Auspuff, nicht durchgerostet, ist kein

Problem. Ein Auspuff wird im Lauf der Zeit rostig. Das ist so, und wenn es kein Neuwagen ist, normal.

Oft verhindern diese Leute den Kauf eines vernünftigen Wagens, weil sie sich mit aller Gewalt profilieren möchten. Am schlimmsten ist es, wenn sie eine Frau beraten. Wenn Sie sich an einen Fachmann wenden, dann suchen Sie wirklich nach einem Fachmann, und keinen Pseudomechaniker.

Es kann aber nicht schaden, wenn Sie sich begleiten lassen. Schon wegen der getroffen Aussagen, um sie später durch einen Zeugen beweisen zu können. Dafür benötigen Sie keinen Spezialisten.

Sie suchen ein Auto. Der Fachmann soll Sie dabei unterstützen ein Fahrzeug zu bekommen, bei dem Sie relativ sicher sein können in naher Zukunft vor größeren Reparaturen verschont zu werden. Wenn er sich wirklich auskennt, dann wird er das Fahrzeug objektiv nach Mängeln untersuchen und auch eine Probefahrt machen, bei der er Fehler erkennen kann. Wenn er aber nur Vollgas fährt, dann kann er sehr wenig erkennen, weil der Lärm des Motors alle anderen Geräusche überdeckt.

Wenn Sie sich nach einem Fahrzeug in der unteren Preisklasse umsehen, dann wird es zwangsläufig Mängel an diesem Fahrzeug geben. Wie schwerwiegend die sind, dazu haben Sie den Fachmann. Wenn er allerdings nur an dem Wagen herummäkelt, dann werden Sie ein Auto in dieser Preisklasse nicht bekommen. Wichtig ist auch hier, dass der

Wagen vernünftig läuft. Die Reifen, die Bremsen und andere Verschleißteile in Ordnung sind. Da sind noch die Radlager, erkennt man nicht durch wackeln am Rad. Den Zustand der Kupplung erkennt man nicht, wenn man Vollgas gibt und der Motor beim Einkuppeln absterben soll, wenn ein Gang eingelegt ist, da beschädigen sie nur die Kupplung. Dieser Test funktioniert nur, wenn sich das Fahrzeug sowieso nicht mehr bewegt, weil die Kupplung total verschlissen ist.

Suchen Sie sich jemanden, der vernünftig ist und sich nicht profilieren möchte. Er sollte schon wirklich Ahnung haben von dieser Materie. Nur weil er zwanzig Jahre den Führerschein hat, macht ihn das nicht zum Profi.

Garantie

Am besten ist es, wenn Sie sich einen Gebrauchten mit Garantie kaufen, die gibt es meist beim Fachhandel! Aber, umso weniger Sie investieren wollen, umso schwieriger wird es, an dieser Stelle fündig zu werden. Wie wir oben schon gesehen haben, gibt es mittlerweile auch für private Anbieter die Möglichkeit, eine Garantie abzuschließen. Wer die Kosten übernimmt, ist Verhandlungssache. Eigentlich Sache des Verkäufers. Aber, umso begehrter der Wagen ist, den er anbietet, umso besser ist seine Position. Trotzdem sollten Sie versuchen, wenn Sie wert darauf legen, in der Verhandlung diese Garantie zu bekommen. Vielleicht teilt man sich die Kosten? Verschiedene Anbieter für diese Garantien finden Sie im Internet!

Bekannte Werkstatt, Bekanntenkreis

Wo lassen Sie bisher Ihr Fahrzeug reparieren und warten? Fragen Sie doch einfach in diesem Betrieb, ob nicht ein entsprechendes Auto für Sie weiß. Von einem Kunden der Werkstatt, von einem der sein Auto nicht mehr benötigt, von einem Kollegen oder von einem der seinen Wagen Inzahlung gibt. Eine Frage kann nicht schaden. Der Vorteil ist, dass dieser Wagen in Ihrer Werkstatt bekannt ist und Sie so mehr Informationen bekommen, als wenn Sie woanders kaufen.

Auch im Bekanntenkreis besteht die Möglichkeit, vernünftig an einen Wagen zu kommen. Allerdings gingen hier schon die besten Freundschaften zu Bruch. Der jetzige Fahrer wird sich vor teuren Reparaturen hüten, er will nicht mehr investieren, der Käufer kauft von einem Freund, dem er vertraut. Aber kann der Freund den Zustand wirklich beurteilen? Wie wir oben sehen, ist das gar nicht so einfach. Warum sollte es hier anders sein? Auch der Preis ist ein Thema? Sie erwarten einen Vorzugspreis aufgrund der Freundschaft. Er bekommt anderswo mehr, als Sie ihm bieten. Was tun? Was würden Sie tun?

Ich hatte günstig einen Gebrauchtwagen gekauft. Er wurde ordentlich repariert und meine Frau wollte ihn dann fahren. Da kommt mein Nachbar daher und möchte diesen Wagen kaufen. Ich erklärte ihm, dass meine Frau den Wagen fährt, und er wollte das einfach nicht verstehen. Er wollte ihn unbedingt. Außerdem bot er einen Preis, der weit unter dem üblichen lag, Freundschaftspreis heißt das wohl. Ich behielt den Wagen und er war beleidigt. Als ich den Wagen nach zwei Jahren verkaufte, bekam ich immer noch das Doppelte von dem, was er mir geboten hatte. Das war für uns ein schöner Urlaub, da kann ich gut auf den Nachbarn verzichten.

Fazit

Sollten Sie den Eindruck gewonnen haben, dass ich Ihnen zum Kauf beim Fachhandel rate, dann können Sie damit schon recht haben. Allerdings rate ich Ihnen in erster Linie, sich umfassend zu informieren. Und wenn Sie nicht einfach nur den Vorurteilen hinterherjagen, dass die eh nur teuer sind, sondern vergleichen und abwägen, dann werden Sie positive Erfahrungen machen können.

Es ist richtig, dass in der Vergangenheit die Adresse beim Fachhandel wirklich nur teuer war, bei gleicher Qualität wie von privat. Aber die Zeiten und Gesetze haben sich geändert und mit jedem Urteil ändern sich auch die Händler zum Vorteil der Kunden. Die Preise sind verglichen mit der Leistung im grünen Bereich, vor allem auch aus dem Grund, weil viele Urteile sehr kundenfreundlich ausfallen. Aber auch von selbst hat der Fachhandel erkannt, wie wichtig eine seriöse Gebrauchtwagenabteilung für das Unternehmen ist, und handelt danach. Achten Sie immer auf die Summe der Vorteile, die angeboten werden. Zudem sind in Zeiten knapper werdender finanzieller Mittel für die Unternehmen auch die Preise in einem vernünftigen Bereich angekommen.

Wenn Sie keine Finanzierung brauchen, dann kann der Kreis der Anbieter, in dem Sie sich umsehen, größer werden. Wenn Sie selbst vom Fach sind, dann heißt das nicht, dass Sie auf die Garantie verzichten sollen, weil auch die Teile Geld kosten und Sie nicht jede Reparatur unter der Laterne durchführen können.

Es gibt natürlich nach wie vor günstige Gebrauchte auf dem zweiten Markt. Aber wie gesagt, sehr genau prüfen und kontrollieren. Das gilt natürlich auch für den Fachhandel.

3. Beratung und Kauf

Nun sind wir bei dem Punkt angekommen, der Sie wahrscheinlich am meisten interessiert, beim Verkäufer, bei der Verkaufsverhandlung. Dieses Thema funktioniert für Sie am besten, wenn Sie die ersten Kapitel gelesen und verinnerlicht haben! Gute Vorbereitung ist das A und O für einen erfolgreichen Abschluss. Es ist wie in der Schule bei Prüfungen, **je besser Sie vorbereitet waren, umso besser waren die Ergebnisse.**

Es gibt eine grundsätzliche Verhaltensregel, die viele Interessenten nicht berücksichtigen. Erzählen Sie nicht zu viel, halten Sie sich mit Informationen für den Verkäufer zurück. Erzählen Sie nichts, was Ihrem Gegenüber in die Karten spielt. Der Vorteil liegt klar bei dem, der die Informationen hat, die der andere benötigt, um seine Strategie aufzubauen.

Wenn Sie schon bei der Begrüßung erzählen, dass Sie nur hier sind, weil es eine sehr günstige Finanzierung gibt, dann haben Sie den optimalen Abschluss vertan. Er weiß, dass Sie finanzieren müssen, und wird sich bei den Konditionen zurückhalten. Der Rabatt und der Preis für Ihren Wagen wird nicht so ausfallen, wie er bei geschicktem Verhalten Ihrerseits ausfallen könnte. Also sagen Sie nicht mehr, als Sie unbedingt sagen müssen!

Das gilt nicht für den sogenannten „Small Talk," hier können Sie plaudern was Sie wollen und erfahren bei der Gelegenheit, ob der Verkäufer offen und freundlich ist. Ein guter Verkäufer erkennt beim „Small Talk" Ihren Bedarf und kann so besser auf Ihre Wünsche reagieren und Ihnen ein optimales Angebot gestalten.

Erster Kontakt

Wir behandeln hier erst mal die Situation im Autohaus bzw. beim Verkäufer vor Ort, und zwar beim Kauf eines Neuwagens.

Sie betreten eines der Autohäuser, die Sie sich vorher ausgesucht haben. Gehen Sie einfach rein und warten Sie, ob und wann Sie angesprochen werden. Je länger Sie warten müssen, umso negativer ist das für die Mannschaft. Es kann natürlich sein, dass alle Verkäufer im Gespräch mit Kunden sind, das ist die einzige Entschuldigung, die Sie gelten lassen können. Wenn das Autohaus aber wirklich gut funktioniert, dann werden Sie von einem anderen Mitarbeiter begrüßt und nach Ihren Wünschen gefragt. Es wird Ihnen auch der weitere Ablauf, die ungefähre Dauer der Wartezeit erläutert. Außerdem wird man Ihnen für die Wartezeit Kaffee oder sonstige Getränke anbieten, um diese Zeit zu verkürzen.

Gehen wir vom optimalen Fall aus, ein Verkäufer hat Zeit, Lust und spricht Sie sofort an. Es gibt die Theorie bei verschiedenen Fabrikaten, dass sich der Kunde erst im Autohaus akklimatisieren soll, außerdem soll er nicht bedrängt werden und sich in Ruhe einen Eindruck verschaffen können. Ich halte davon gar nichts, wenn ich zum Bäcker gehe, möchte ich gleich bedient werden. Wenn es beim Autokauf anders ist und ich mich erst umsehen möchte, dann sage ich Bescheid. Ich bin der Kunde, ich möchte die Wahl haben zwischen Umsehen und Bedienung.

Achten Sie darauf, wie der Verkäufer auf Sie zukommt. Wie nah kommt er Ihnen, hält er einen gewissen Abstand oder rückt er Ihnen bei der Begrüßung schon ordentlich auf die Pelle. Kommt er flotten Schrittes auf Sie zu mit einem Lächeln im Gesicht, nicht zu verwechseln mit einem Grinsen, und zeigt er durch sein Auftreten, dass er interessiert ist, Sie als Kunden zu gewinnen oder wirkt er eher gelangweilt.

Stellt er sich vor, reicht er Ihnen die Hand? Bekommen Sie vielleicht sogar eine Visitenkarte? Wie beginnt er das Gespräch? Wahrscheinlich mit den üblichen Floskeln. Was soll er auch sonst sagen? Er wird Sie fragen, womit er dienen kann, so oder so ähnlich. Dann sagen Sie ihm das, wenn Sie sich mit Ihrer Auswahl sicher sind. Aber Sie haben nicht alle Informationen wie der Verkauf. Oft ist es günstig, wenn Sie den Bedarf etwas umschreiben. Ein Auto für eine vierköpfige Familie mit Haus, Hund und Garten, für Urlaubsfahrten und sparsam und zuverlässig. Was können

Sie mir empfehlen? Gibt es da etwas Günstiges, ein Sondermodell?

Es gibt seit gestern ein Angebot unseres Herstellers, das erst in vier Wochen verfügbar ist, ein neues Sondermodell mit sehr umfangreicher Ausstattung zu einem sehr günstigen Preis mit einer tollen Möglichkeit zu finanzieren. Reagieren Sie auf das Fahrzeug, aber nicht auf die Finanzierung. Sie verraten sonst wertvolle Fakten. Das Angebot interessiert mich, können wir das Auto sehen. Natürlich nicht, kommt erst in vier Wochen, kommen Sie dann wieder vorbei.

Das ist ein positiver Aspekt, wenn er Ihnen ein Auto anbietet, das erst in vier Wochen kommt und noch dazu besonders günstig ist. Negativ ist, wenn Sie sich melden sollen, er sich nicht die Mühe macht, Sie zu informieren, wenn das Auto da ist. Zum anderen, woher weiß er, dass Sie noch so lange warten wollen, können. Wir kennen beide die Situation nicht, aber nur ein Schnäppchen in Aussicht stellen und dann darauf warten, dass der Kunde sich meldet, das kann's nicht sein. Wenn er wirklich interessiert ist, dann kann er Ihnen die Ausstattung und die Vorteile des Wagens gegenüber den anderen nennen. Auch zur Finanzierung muss er schon Daten haben, wie sonst könnte er die ansprechen. Vielleicht hat er gerade keine Lust und will Sie bequem loswerden!

Also, wenn man Ihnen ein „Super Angebot" in Aussicht stellt, achten Sie darauf, wie es weiter geht. Wenn Sie sich kümmern müssen, dann ist das nicht das, was ich unter Service verstehe. Sie vielleicht?

Sie können mit dieser Information nun zu einem anderen Händler dieses Fabrikats gehen und versuchen dort mehr zu erfahren. Wenn der Interesse hat, dann läuft das ganz anders. Wenn das Auto in vier Wochen kommt, dann sind die bereits disponierbar, dann kann er auch ein Auto Kunden zuordnen und Ihnen heute verkaufen, anbieten.

Er kann Ihnen mit einem vergleichbaren Modell eine Probefahrt anbieten, er kann Ihnen ein anderes Auto zeigen und so auch die Vorteile des Sondermodells erklären. Auch den genauen Ausstattungsumfang hat er bereits, sodass er Ihnen am Fahrzeug die Änderungen zeigen kann. Dieses Modell hat die normalen Sitze, das Sondermodell kommt mit Sportsitzen, wie bei diesem Modell usw. Dann kann er noch auf die geringen Stückzahlen hinweisen und ihnen anbieten, das Fahrzeug für sie zu bestellen, damit sie ihn auch sicher bekommen. Aber Vorsicht: Wenn Sie jetzt unterschreiben, dann handelt es sich um einen rechtsgültigen Vertrag, der als Barzahlergeschäft nicht kündbar ist! Wir sprachen oben über dieses Thema ausführlich!

Bequemer, schneller Abschluss

Was macht er mit Ihren Angaben? Sucht er mit Ihnen gemeinsam nach einem Auto? Führt er Sie durch die Ausstellung oder geht er sofort mit Ihnen zum Schreibtisch, um die verschiedenen Varianten dort zu "präsentieren."

Das ist nicht gut, das zeigt eher, dass er nicht sehr engagiert ist und den bequemen Weg sucht, um zu verkaufen. Das wirkt sich auf alle Bereiche aus. Das kann so weit kommen, dass er Ihren Wagen durchs Schaufenster bewertet und einen Preis macht, der nicht stimmt, nicht stimmen kann, meistens viel zu niedrig ist. In diesem Fall kommt es auf Sie an, wie gut Sie vorbereitet sind. Diese Verkäufer neigen sehr schnell dazu über den Preis, den Rabatt zu sprechen. Wenn Sie wissen, was Sie wollen, brauchen, dann gehen Sie mit ihm diesen Weg. Sagen Sie ihm, wie das Auto aussehen soll, und fragen Sie dann nach dem Preis. Egal, was er sagt, reagieren Sie nicht, bleiben Sie stumm! Das macht ihn unsicher. Er wird sich selbst in die Höhe treiben mit seinem Nachlass. Wir sprechen immer noch von einem Barkauf. Wenn er bei seinem „letzten Angebot" angekommen ist, dann nennen Sie Ihre Vorstellung, die natürlich unter seinem letzten Angebot liegt, und zeigen Sie sich enttäuscht über sein Angebot.

Sehen wir uns ein Beispiel an: Der Wagen kostet € 23.000 laut Liste. Sein Angebot liegt bei € 21.000 ohne Ihr zutun. Nun sagen Sie, dass Sie gehört haben, sich gedacht haben, im Internet gesehen haben, von Freunden gehört, wissen und in der Zeitung gelesen haben, dass es diese Fahrzeuge für € 19.000 gibt. Seien Sie ganz cool, wie das heute so schön heißt. Warten Sie auf seine Reaktion! Er wird Ihnen einen Preis irgendwo dazwischen anbieten. Meistens näher bei seinem Angebot als bei Ihrem. Kann man da wirklich nichts mehr machen? Können Sie nicht mal den Chef fragen? Es kann sein, dass er hier beleidigt reagiert und etwas unwirsch wird, weil Sie ihm die Kompetenz absprechen. Aber es ist doch erlaubt zu handeln, oder? Ich frage doch nur nach dem wirklich besten Preis, weil es im Internet diese Fahrzeuge noch günstiger gibt. „Da haben Sie auch keinen Service," kann die Antwort sein. Welchen Service hat er Ihnen bisher geboten? Wo sind die Vorteile für Sie, wenn Sie hier kaufen? Stellen Sie sich und ihm diese Frage immer wieder! Er soll sagen und zeigen, was er und sein Haus unter Service versteht! Einfach nur am Schreibtisch sitzen, das reicht nicht!

Was hat er Ihnen bisher geboten, außer Nachlass? Sie waren noch nicht einmal in dem Wagen, über den Sie die ganze Zeit verhandeln. Sie wissen letztendlich nicht, ob das Auto überhaupt passt! Welcher Service?

Oder Sie reagieren gar nicht auf sein Angebot. Fragen Sie nur, ob das wirklich sein letzter Preis ist. Warten Sie auf seine Antwort, seine Erklärung. Dann antworten Sie in etwa so: Sie bekommen einen neuen Kunden, sie können einen Stammkunden im Haus behalten, ich habe schon sehr viele Fahrzeuge hier gekauft, meine ganze Familie kauft hier, vor Kurzem habe ich sie einem Freund empfohlen, der auch gekauft hat, usw. Wenn er dann reagiert, sich mit dem Preis bewegt, dann machen Sie weiter wie oben. Ich habe gelesen, dass ...

Wenn Sie sich nun auf einen Preis geeinigt haben, dann geht es weiter mit der Finanzierung, Leasing. Was macht er jetzt? In der Ausstellung sind überall Angebote mit 1,9% Zins. Die möchte ich haben. Das geht nicht, weil wir uns daran beteiligen müssen und Sie einen Preis ausgehandelt haben, der uns keinen Spielraum lässt hier noch einen Zuschuss zu bezahlen. Sie sollten erst einmal auf diese Finanzierung bestehen, weil sie ja groß und deutlich angeboten wird, ohne erkennbare Einschränkung. Bestehen Sie einfach auf Ihrem Recht als Kunde. Der Fehler liegt auf seiner Seite, er muss vorher fragen, wie Sie das Geschäft gestalten wollen. Wenn Sie dann von der ursprünglichen Barzahlung auf die Finanzierung schwenken, kann er ein neues Angebot machen. Es kann Ihnen passieren, dass der Verkäufer an dieser Stelle abbricht und Sie nicht mehr bedient oder weiter berät. Gehen Sie dann einfach, glauben Sie mir, für Sie wird das kein Verlust sein.

Barzahler ohne Gebrauchtwagen

Sie möchten Ihren Wagen selbst verkaufen, brauchen das Geld aber als Anzahlung für die Finanzierung des neuen Autos. Hier sollten Sie auf Nummer sicher gehen und nach einem verbindlichen Angebot fragen, sich geben lassen, falls der private Verkauf nicht klappt.

Technische Bewertung

Wenn Sie ein verbindliches Angebot für Ihr Auto haben wollen, dann muss der Wagen technisch überprüft werden. Das ist unabdingbar für einen korrekten Preis. Das macht ein bisschen Arbeit für den Verkäufer und den Kollegen in der Werkstatt. Auch an dieser Stelle können Sie erkennen, wie genau die arbeiten, wie zuverlässig die sind.

Meistens ist es ein Problem für den Verkäufer, einen Kollegen aus der Werkstatt zu einem Zustandsbericht zu bewegen. Wenn das so ist, dann ist das kein gutes Zeichen! Schon gar nicht, wenn es ewig dauert, bis sich endlich jemand bequemt, die Prüfung durchzuführen! Wird die Bewertung gemacht, und auch noch zeitnah, dann ist alles in Ordnung, wobei das noch nichts über die Qualität der Bewertung aussagt. Danach folgt die Preisermittlung am PC, mit allen Daten und dem Zubehör zu Ihrem Fahrzeug. Dann nennt er Ihnen einen Preis. Ist der verbindlich? Wie lange? **Ohne den Zusatz der Nachprüfung bei Anlieferung oder so ähnlich.**

Sie müssen vier Monate auf das neue Auto warten. In dieser Zeit kann viel geschehen. Dass sich auch der Verkäufer schützen muss, ist klar. Dass der Zustand so sein muss, wie heute festgestellt, ist auch klar. Das er aber bei der Nachbewertung in vier Monaten, bei Übergabe des neuen Wagens, noch für € 2.000 neue Mängel feststellt, bei normalem Gebrauch und Fahrleistung kommt öfter vor, als Sie denken. Vier Monate und 3.000 km später sind plötzlich die Reifen fertig, die Bremsen müssen komplett erneuert werden und der Auspuff sah auch schon bessere Tage. Der nächste Kundendienst ist in 6 Monaten fällig, den müssen sie noch bezahlen, sonst kann ich das Auto nicht verkaufen.

Überraschung bei der Abgabe des Wagens

Wie geht das denn? Der Verkäufer verschweigt bei der Kalkulation ein paar Mängel und ist um diesen Betrag besser als die Konkurrenz. Bei obigem Beispiel sind es immerhin € 2.000. Sie freuen sich und haben das schlechte Ende in der Hand. Ihre Kalkulation löst sich in Luft auf! Die € 2.000 fehlen hinten und vorne, Sie kommen finanziell nicht zurecht. Der freundliche Verkäufer macht Ihnen ein neues Angebot für die Finanzierung, die Rate entsprechend höher und dreht vielleicht noch am Zinssatz zu Ihren Ungunsten, wenn er schon dabei ist. Er nutzt die Situation aus, in die er Sie gebracht hat!

Dann trete ich vom Vertrag zurück! Sehen Sie erst nach, ob und wann Sie den Antrag für die Finanzierung unterschrieben haben, die Frist zum Rücktritt kann schon vorbei sein. Bei einem Bargeschäft gibt es kein Rücktrittsrecht.

Versuchen Sie also vorher bei der Verhandlung einen verbindlichen Preis für Ihren Wagen zu bekommen. Ordentlich geschrieben und als Bestandteil des Kaufvertrags zum Zeitpunkt der Übergabe. Das gilt auch beim Kauf eines Gebrauchten.

Sollte es trotzdem nötig sein auch die anderen Konditionen, wie Anzahlung oder Laufzeit zu ändern, dann vergleichen Sie mit dem ursprünglichen Angebot diese neuen Vereinbarungen. Der Zinssatz darf sich auf keinen Fall ändern. Auch sind keine zusätzlichen Gebühren oder Provisionen im Vergleich zu vorher nötig.

Natürlich kann sich der Zustand des Fahrzeugs ändern, Sie können Pech haben und noch gegen eine Wand fahren. Oder der Motor geht kaputt. Dafür kann der Verkäufer nichts. Sie auch nicht, aber die wirtschaftliche Verantwortung liegt bei Ihnen als Halter, Eigentümer des Fahrzeugs. Diese Kosten gehen zu Ihren Lasten. Was machen wir in diesem Fall? Lassen Sie sich ein Angebot zur Reparatur machen. Auch hier können Sie als guter Kunde handeln. Was aber, wenn die Reparatur € 10.000 kostet, die Sie nicht haben oder investieren wollen? Dann müssen Sie neu verhandeln. Jetzt geht es um die Finanzierung, die neu berechnet werden muss, allerdings müssen Sie auch hier die neue Rate beachten. Ein neues Auto ist sehr schön, aber nicht, wenn Sie nicht mehr zum Tanken fahren können, weil das neue Auto alle Reserven verbraucht.

Neue Rechnung

In dieser extremen Situation geht es darum, einen vernünftigen Weg für beide Seiten zu finden. Hier zeigt sich, wie gut und vernünftig der Verkäufer wirklich ist. Wenn er die neue Rate berechnet, die doppelt so hoch ist wie vorher, weil die Anzahlung eben um die Reparaturkosten niedriger ausfällt, dann kommt es auf seinen Vorschlag an, den er Ihnen macht. Er ist eindeutig im Recht, die Verträge sind unterschrieben und auch Sie müssen sich daran halten. Trotzdem können Sie die Rate nicht bezahlen und das Auto abnehmen.

Er kann auf Abnahme bestehen. Die Nichtabnahme führt so weit, dass er Sie zur Zahlung von Schadenersatz verpflichtet. Das können bis zu 15% sein, je nachdem was im Vertrag steht, im Kleingedruckten. Also vorher lesen, selbst wenn Sie diese Situation nicht vermeiden können. Er kann auch auf die Lieferung des Gebrauchten bestehen und Ihnen noch zusätzliche Schwierigkeiten machen, da Sie nicht vertragsgemäß liefern, nicht liefern können, weil Sie Ihren Wagen weiter nutzen müssen.

In diese Situation können Sie auch kommen, wenn Sie ursprünglich bar zahlen wollten und das auch so vereinbart haben. Jetzt fehlt das Geld, das durch die unvorhergesehene Reparatur fällig wird. Jetzt kann er Ihnen ein Angebot zur Finanzierung machen oder Sie bitten darum. Achten Sie auch hier sehr genau auf die Konditionen, die er Ihnen anbietet. Weil Sie sich in einer unvorhersehbaren Notlage befinden, ist kein Grund, Sie über den Tisch zu ziehen und den Zinssatz hoch anzusetzen. Auch hier werden keine extra Gebühren oder Provisionen fällig!

Versuchen Sie auf jeden Fall einen verbindlichen Preis für Ihren Wagen zu bekommen und die Verpflichtung vom Autohaus ihn zu den vereinbarten Konditionen ohne Wenn und Aber Inzahlung zu nehmen. Gleichzeitig, auf demselben gültigen Papier geschrieben, die Möglichkeit, das Fahrzeug ohne Kosten selbst zu vermarkten bzw. nicht Inzahlung zu geben. Eine ordentliche Bestandsaufnahme des Fahrzeugzustands ist sehr von Vorteil für beide Seiten.

Achten Sie auf ein offizielles Schriftstück. Viele Verkäufer versprechen alles. Wenn es darauf ankommt, waren sie nicht berechtigt, diese Zusagen zu machen, laut Aussage Autohaus war das nicht verbindlich. Einen Streit und

Unannehmlichkeiten an dieser Stelle können Sie vermeiden, vorher!

Vernünftige Lösung

Wie sieht aber die Lösung eines ordentlichen Verkäufers aus? Er macht Ihnen ein Angebot für einen Wagen, vielleicht einen Jahreswagen, den Sie bezahlen können. Er macht Ihnen ein vernünftiges Angebot für Ihren kaputten Wagen, er macht keinen Zirkus wegen des nicht abgenommen bestellten Fahrzeugs und er verrechnet keine Gebühr. Vielleicht versucht er noch eine Zusage für einen späteren Kauf zu bekommen, wenn Sie sich von diesem Schrecken erholt haben, das ist nur legitim. Ob diese Vereinbarung nach zwei Jahren noch gültig ist, weiß ich nicht. Warum sollten Sie aber nicht bei ihm kaufen, wenn er Sie vorher fair behandelt?

Ein Fahrzeugangebot

Mit Ihren Vorgaben, Sie wissen schon, familienfreundlich und Haus mit Garten, ist er in der Lage Ihnen ein vernünftiges Angebot zu machen. Nun kommt es in der heutigen Zeit immer öfter vor, dass das Autohaus über einen beträchtlichen Vorrat an Standuhren verfügt. Das ist erst mal gar nicht so schlimm, wenn er Sie darauf hinweist und Ihnen die Entscheidung überlässt, sich für einen Ladenhüter zu entschließen. Das machen die meistens nicht, und zwar aus gutem Grund: Er hat Angst, dass Sie dann nur den Preis drücken wollen, weil Sie für ihn ein Problem lösen.

Mit Ihren Informationen ist er in der Lage, je nach Fabrikat, Ihnen zwei oder drei infrage kommende Modelle zu zeigen. Dann ist es an der Reihe, die einzelnen Vorteile abzuwägen. Dazu gehört natürlich die Demonstration am und im Fahrzeug. Die Sitzposition, die Anordnung der Schalter und Hebel, eine erste Einweisung in die Bedienung verschiedener Bauteile, wie die Klimaanlage zum Beispiel.

Nachteile wird er nicht erarbeiten, das können Sie nicht erwarten. Aber achten Sie darauf, ob er ein Fahrzeug besonders hervorhebt. Hier kann es sich um ein Auto handeln, das schon länger steht, es vom Hersteller eine zusätzliche Prämie gibt oder aus einem anderen Grund schnellstens vom Hof muss. Verschiedene Gründe wurden schon besprochen, die müssen wir hier nicht mehr aufzählen. Jetzt kommt es darauf an, wie gut Sie vorbereitet sind. Kommt dieser Wagen infrage? Wenn ja, sollten Sie sich trotzdem nicht zu begeistert zeigen, sondern eher zurückhaltend. „Na ja, ist ja ganz schön, aber ..."

Wenn Sie einen Verkäufer erwischen, der Sie am Fahrzeug bedient, dann ist das schon ein sehr gutes Zeichen. Wenn er dann noch Ihre Fragen richtig beantwortet, dann sind Sie normalerweise hier gut aufgehoben.

Konkrete Fragen

Stellen Sie ihm zwei, drei Fragen, deren Antwort Sie kennen. Dann können Sie seine Fachkenntnisse beurteilen und sehen so, ob Sie seinen Aussagen vertrauen können.

Jedes Auto hat Vor- und Nachteile, wie wir schon gesehen haben. Ein Van ist sicher familien- und gartentauglicher als eine Limousine. Ist aber schwerer und bietet dem Wind mehr Widerstand, was die Kosten erhöht. Außerdem ist er langsamer als eine Limousine bei gleicher Leistung. Wie reagiert er auf die Frage nach dem tatsächlichen Spritverbrauch? Mit den Angaben aus dem Prospekt oder mit der persönlichen Erfahrung. Die persönlichen Erfahrungswerte liegen meist über dem aus dem Prospekt, werden aus dem Grund nicht so gern genannt. Lieber dann später den Ärger mit Verbrauchsfahrten und allen möglichen Versuchen den zu hohen Konsum im Vergleich zu den technischen Angaben zu erklären. Man kann nicht erwarten, dass ein Auto, das 1.500 kg wiegt, mit einem Verbrauch von drei Litern auskommt, das ist bisher nicht möglich. Aber fragen Sie sehr deutlich nach seiner Erfahrung, wenn er die nicht hat, nach der Erfahrung seiner Kunden. Meistens liegt der durchschnittliche Verbrauch in der Praxis in dem Bereich, der für Stadtfahrten angegeben wird. Auf der Autobahn fahren Sie keine 100 km/h, sondern schneller, das erklärt den höheren Verbrauch im Vergleich zu den Angaben im Prospekt.

Nun zurück zu unserer Beratung. Es ist wichtig, dass Sie sich wirklich alles zeigen lassen, gezeigt wird. Selbst wenn Sie dasselbe Modell wieder kaufen, gibt es immer wieder Unterschiede, Verbesserungen, die in die Serie einfließen. Ihr jetziger Wagen hat noch ein Reserverad und der neue? Sie sehen, wie wichtig auch sogenannte Kleinigkeiten sind! Selbst wenn Sie sehr gut vorbereitet sind, die

Demonstration am Fahrzeug ist immer besser als das pure Studium der Fakten im Internet oder aus dem Prospekt.

Fragen und Einwände

Einwandbehandlung ist ein Thema, das in den Verkäuferschulungen immer wieder trainiert wird. Der Verkäufer sollte also fit sein, wenn Sie ein paar unangenehme Fragen aus seiner Sicht stellen. Wenn er beleidigt reagiert, dann sollten Sie wieder sehr vorsichtig sein. Warum reagiert er beleidigt? Das kann verschiedene Gründe haben, meistens keine vernünftigen. Der wahrscheinlichste Grund ist, dass er sich mit der Konkurrenz und oft auch mit dem eigenen Fabrikat nicht auskennt. Daher die beleidigte Tour. Er kann die Fragen nicht beantworten und sieht seine Felle davon schwimmen, also versucht er so, Sie wieder zur "Vernunft" zu bringen. Das funktioniert überraschenderweise sehr oft, dass sich Kunden von diesem Verhalten beeindrucken lassen und keine weiteren Fragen stellen.

Auch wenn er ausweichend reagiert, Sie auf später vertröstet und das dann vergisst, wird die Sache nicht besser. Nicht nur die Behandlung von Einwänden wird regelmäßig trainiert, auch die Technik im Auto, vor allem neue Themen werden immer wieder geschult. Oft nicht nur die eigenen Systeme, sondern auch die der Konkurrenz, was in der Praxis sehr hilfreich ist. Wenn er aber seine Hausaufgaben nicht gemacht hat, dann sollten Sie für dieses Verhalten kein Verständnis haben und sich anderweitig orientieren oder aber die Strategie in diesem

Haus, mit diesem Verkäufer selbst bestimmen und sich nicht leiten lassen. Nutzen Sie seine Unkenntnis zu Ihrem Vorteil! Wenn Sie meinen Rat befolgt haben und gut vorbereitet sind, dann sollten Sie hier keine Probleme haben. Nutzen Sie seine Bequemlichkeit zu Ihrem Vorteil in Euro und Zugaben.

Dieses Verkäuferverhalten ist aber auf keinen Fall richtig und schon gar nicht zu entschuldigen. Selbst wenn er noch ganz neu in diesem Geschäft ist, dann muss er sich wenigstens bemühen, Ihre Fragen zu beantworten, und Lösungen für die Problematik suchen. Er kann sich mit einem Kollegen aus dem Verkauf oder der Technik beraten und Unterstützung suchen. Wenn er wirklich interessiert ist, dann findet er eine Lösung.

Bessere Lösung bei anderem Fabrikat

Sie haben ein Fahrzeug in die engere Wahl gezogen. Der erfüllt die meisten Ihrer Vorstellungen, Wünsche. Ein Punkt ist aber bei einer anderen Marke besser gelöst, einfacher zu bedienen. Jetzt benötigen Sie einen Berater, der sich mit diesem Thema befasst hat und eine Lösung bei seinem Auto aufzeigen kann. Oder er sagt Ihnen, dass es keine andere Lösung bei diesem Wagen gibt, aber unser Markant GT erfüllt Ihre Vorgaben. Diesen Wagen haben wir schon besichtigt, war Ihnen aber doch etwas zu teuer. Wenn Sie wollen, dann zeige ich ihnen gern die Funktion an diesem Wagen noch einmal. So sollte das sein. Er bietet Alternativen an, sagt Ihnen die Vorteile der einzelnen Modelle und überlässt Ihnen die Entscheidung.

Testberichte

„Der Testbericht in der "Autojournalfachzeitung" sagt, dass dieser Wagen gegen den Konkurrenten verloren hat. Was sagen Sie dazu?" Das sind keine einfachen Themen für einen Verkäufer, selbst wenn er bei den Schulungen sehr aufmerksam war. Aber auch hier ist sehr wichtig wie er reagiert. Wenn er beleidigt ist und nur über die unfähigen Tester schimpft, dann hat er nicht verstanden, worum es Ihnen geht. Wenn Sie den Test voll und ganz akzeptieren würden, dann wären Sie nicht hier und würden ihm diese Frage stellen.

Wenn er den Test kennt und sich damit beschäftigt hat, das gehört zu seinen Aufgaben, dann kann er Ihnen aufzeigen, warum die Beanstandungen der Tester zu diesem Ergebnis geführt haben. Ich nenne hier nur ein paar Beispiele: Unser Wagen hat den kleineren Motor, der Vergleich ist nicht ganz fair, wenn die Höchstgeschwindigkeit beurteilt wird. Allerdings hat er laut Test auch einen günstigeren Verbrauch. Die hohe Ladekante, die beanstandet wird, hat sehr praktische Vorteile. Die Karosserie ist wesentlich stabiler als mit einer niedrigeren. Wenn sie den Einkauf im Kofferraum haben und die Taschen umfallen, dann fällt der Inhalt beim Öffnen der Heckklappe nicht heraus. Außerdem ist die Höhe doch im vernünftigen Rahmen, sehen sie selbst. Der Hersteller hat hier Komfort und Sicherheit abgewogen, das ist das Ergebnis. Die beanstandete beengte Platzsituation auf den hinteren Sitzen kommt daher, dass der Verstellbereich der Vordersitze bei unseren Fahrzeugen wesentlich größer ist als bei den Modellen der

Konkurrenz, die Sitze gehen weiter nach hinten. Nehmen sie Platz und stellen sie den Sitz für ihre Bedürfnisse ein. Und jetzt nehmen sie auf der Rückbank Platz, was sagen sie zu diesem Platzangebot?

So stelle ich mir das vor! Nun können Sie doch den Wagen kaufen, der aus Ihrer Sicht die meisten Vorteile für Sie bietet. Die Einwandbehandlung hat durch Erklärung perfekt funktioniert. Sollte der Verkäufer nicht so reagieren, dann müssen Sie entscheiden, welche Vorteile ein Kauf in diesem Haus für Sie bietet. Der Verkäufer ist nicht sehr engagiert und fleißig, sonst hätte er sich mit diesen Themen beschäftigt und müsste er nicht auf dieser beleidigten Tour reiten. Sie sollten auch in Zukunft nicht zu viel von ihm erwarten.

Probefahrt

Was testen wir bei einer Probefahrt? Was können wir tatsächlich erfahren? Testen können Sie alles. Aber bitte nur im vernünftigen Bereich. Erfahren können Sie relativ wenig, weil dazu einfach die Zeit zu kurz ist. Aber damit haben wir und schon beschäftigt.

Worauf es jetzt ankommt, ist die Bereitschaft des Verkäufers, eine Probefahrt zu ermöglichen. Es gibt zwei Möglichkeiten: Er würde gern, hat aber das passende Fahrzeug nicht. Er würde nicht gern, sonst würde er eine Probefahrt möglich machen. Dann sind wir wieder bei dem Thema Bequemlichkeit, das wir nicht mehr diskutieren müssen.

Bietet er aktiv die Probefahrt an oder müssen Sie ihn nötigen, um **fahren zu dürfen**. Wie sind seine Ausreden? "Bei diesem schlechten Wetter lasse ich keine Probefahrt zu, da müssen wir das Auto ja wieder waschen. Kommen sie im Frühjahr wieder", sagt er im November. Wir haben das Auto nicht zur Verfügung, tut mir leid. Das Auto ist gerade nicht da, ein Kollege ist damit in Urlaub. Diesen Wagen fährt nur unser Chef, der gibt ihn nicht her. Der lässt ja nicht jeden in sein Auto! Das geht heute nicht mehr, es ist ja schon 16.00 Uhr, wenn sie eine Stunde fahren, dann habe ich schon Feierabend. Dieser Wagen steht ganz in der Ecke, den müsste ich extra ausräumen, das kann ich nicht machen.

Ein Teil dieser Antworten ist richtiger Blödsinn und entspringt nur der bequemen Seite des Verkäufers. Aber ein paar können auch stimmen. Wie geht es weiter? Was kommt nach seiner Aussage?

Der Wagen ist Montag wieder im Haus, ich werde sie dann anrufen und einen Termin vereinbaren, wenn ihnen das recht ist.

Der Chef ist mit dem Auto unterwegs, wenn er verfügbar ist, werde ich mich bei ihnen melden. Das sollte spätestens in zwei Tagen sein, ist ihnen das angenehm?

Den Wagen muss ich erst raus rangieren, das dauert ungefähr eine Stunde. Vielleicht können wir für morgen einen Termin vereinbaren, dann kann ich alles vorbereiten?

Wir haben das Auto nicht zur Verfügung, tut mir leid. Ich werde einen Wagen besorgen, das dauert ungefähr zwei Tage, wir können gleich einen Termin vereinbaren. Haben sie einen speziellen Farbwunsch oder möchten sie eine bestimmte Ausstattung, dann versuche ich, so ein Fahrzeug zu besorgen?

Auf das Thema mit der Wäsche brauchen wir nicht eingehen, das ist nur Blödsinn, obwohl alle Antworten so von Verkäufern getätigt wurden.

Viele Hersteller haben mittlerweile einen Fahrzeugpool, wo sich die Händler bedienen können. Es sollte also für einen aktiven Verkäufer kein großes Problem darstellen, Ihre Wünsche zu erfüllen. Auch gibt es die Möglichkeit, bei einem befreundeten Händler nach einem passenden Wagen Ausschau zu halten. Es gibt immer einen Weg, wenn er nur will!

Alternative Fahrzeuge zur Probefahrt

Der Händler kann nicht alle Modelle und Varianten als Vorführwagen halten, das kommt in der heutigen Zeit viel zu teuer. Er bietet Ihnen einen anderen Wagen an, mit einem anderen Motor, der etwas mehr Leistung hat, als der den Sie möchten. Ein anderer Motor ist ein anderer Motor. Auch wenn er Ihnen zusichert, dass die Charakteristik des Motors dieselbe ist, Sie den Unterschied nicht spüren werden, sollten Sie trotzdem vorsichtig sein. Auch wenn es nur um ein paar PS geht, kann der Unterschied enorm sein.

VW brachte in den Achtzigern einen neuen Motor für den GTI mit zwei PS mehr. Was soll das, fragte ich mich? Bei einer Probefahrt war ich von diesem Motor absolut begeistert. Nur zwei PS mehr? Es war nicht die Leistung des Motors, sondern sein besserer Durchzug unten heraus. Wie kam das? Er hatte 200 ccm mehr Hubraum, mehr Drehmoment und daher die enorme Steigerung.

Er hat nur das Modell in der Komfortausstattung, Sie möchten das sportliche oder umgekehrt. Dem sportlichen Fahrer wird der komfortable zu weich sein und dem bequemen Fahrer der sportliche zu hart. Wie sollen Sie da eine Entscheidung für die nächsten Jahre treffen?

Seien Sie vorsichtig, wenn Ihnen ein anderes Auto zur Probefahrt angeboten wird. Sie können sich das nicht vorstellen, wie es ist, wenn er etwas weicher gefedert ist oder wenn der Motor etwas mehr oder weniger Leistung hat. Das können Sie auch im Prospekt anhand der Daten nicht nachvollziehen. Erklären Sie mir eine um zwei Sekunden bessere oder schlechtere Beschleunigung in der Praxis. Außerdem sagt das gar nichts über die tatsächliche Fahrbarkeit des Wagens. Wenn er nur bei hoher Drehzahl vernünftig zu fahren ist, dann ist er nicht unbedingt alltagstauglich und schon gar nicht sparsam.

Probefahrt als Entscheidungshilfe

Es ist sehr schwer möglich, mit Probefahrten von ein bis zwei Stunden, die Unterschiede der Fahrzeuge und Vor- und Nachteile zu erkennen. Natürlich können Sie erkennen, welches Fahrzeug lauter oder leiser ist. Welcher besser gefedert ist und welcher eine bessere Leistung hat. Was ist mit den Sitzen, wie komfortabel sind die? Die Bedienung der Elemente über längere Sicht? Die Übersichtlichkeit des Fahrzeugs im Alltag?

Sie müssen sich wirklich auf die für Sie wichtigen Punkte vorbereiten. Wenn Sie nur fahren, dann fahren Sie eben. Aber welchen Sinn und Zweck hat diese Fahrt? Sie wollen erkennen, ob das Fahrzeug für Sie passt. Dazu müssen Sie sich wieder vorbereiten. Am besten funktioniert das, wenn Sie sich die Nachteile des jetzigen Wagens ansehen und bei der Probefahrt prüfen, ob diese Mängel auch bei diesem Wagen zu finden sind. Wie ist die Geräuschentwicklung, die Übersichtlichkeit beim Einparken, der Öffnungswinkel der Türen in engen Parkplätzen? Der Einstieg und Sitzkomfort auf den hinteren Rängen? Welche Verstellmöglichkeiten bietet der Sitz, das Lenkrad? Sind die ausreichend und reicht die Kopffreiheit?

Fahren Sie mit offenen Augen und Ohren. Lassen Sie sich vom Verkäufer nicht ablenken. Prüfen Sie alle Punkte so objektiv wie möglich. Lassen Sie die Begeisterung für diesen neuen Wagen für diese Zeit außen vor. Es gibt viele Kunden, die nach vier Wochen kommen und Themen beanstanden, die sich bei der Probefahrt erkennen lassen, deutlich zu erkennen sind und sie sie trotzdem nicht mitbekommen, weil die Faszination für den Wagen jede Kritik außen vor lässt. Also achten Sie darauf!

Wenn Sie einen Punkt erkennen, der Ihnen nicht so gefällt, der Sie aber nicht abhält diesen Wagen trotzdem zu kaufen, dann merken Sie sich diesen Punkt für die Preisverhandlung. Wie bei einem Kühlschrank, der einen Kratzer hat, der nicht stört, den Sie aber trotzdem günstiger bekommen.

Verhandlung am Schreibtisch

Sie sollten nun so weit sein, dass klar ist, um welches Fahrzeug es sich handelt, was Sie ordern wollen. Der Verkäufer sollte von Ihrer Begeisterung nicht so viel mitbekommen. Dann geht's zum Schreibtisch. Oder, wenn Sie einen guten Verkäufer erwischt haben, erst zur Bewertung Ihres Wagens.

Lassen wir die Bewertung erst einmal außen vor. Wie geht's am Schreibtisch weiter. Hier sollte es eigentlich flott vorangehen, weil der Berater weiß, wissen sollte, was Ihnen wichtig ist. Er kann alle Daten und Fakten aufnehmen und ein Angebot erstellen, das er bezüglich der Ausstattung noch einmal mit Ihnen durchgeht. Auch die Optionen, bei denen Sie sich nicht sicher waren, spricht er noch einmal an. Die Lieferzeit oder der Liefertermin ist ein Thema, das hier noch fixiert wird.

Dann kommt er zum Preis, das ist die Summe der Preise für den Wagen und die Sonderausstattung. Fracht und sonstige Kosten werden hier oft vergessen, die bekommen Sie nachher aufs Tablett. 500 bis 1.000 Euro Fracht plus sonstige Kosten, ist schon noch ein Brocken, der erst nach der Preisverhandlung angesprochen wird. Also fragen Sie nach der Fracht und den sonstigen Kosten oder er soll bestätigen, dass alle Gebühren enthalten sind.

Er nennt Ihnen nun einen Preis. Je nachdem wie gut der Verkäufer ist, glaubt er zu sein, behält er sich noch eine Spanne zum Verhandeln oder er geht sofort an seine Grenze. Sie sehen also, dass in jedem Fall noch verhandelt werden kann. Aber ein Verkäufer ist doch schon an seiner Grenze, wie soll da noch gehandelt werden können? Das ist sein Problem! Das ist die Masche der bequemen Verkäufer, die sonst nichts haben außer Nachlass. Wir sprachen über dieses Thema bei der Beratung. Es ist seine Schuld, wenn er nicht besser vorbereitet ist, nicht Ihre.

"Das ist ihr Angebot, im ernst?" Egal, was er aufschreibt oder sagt, Sie sollten erst einmal zeigen, dass Sie enttäuscht sind. Selbst wenn Sie innerlich frohlocken und jubilieren, halten Sie sich zurück!

"Was haben Sie sich den vorgestellt?", fragt der eine mit der Reserve. "Wesentlich weniger als das hier." Er wird versuchen, von Ihnen eine Zahl zu erfahren, damit er sich dann mit Ihnen in der Mitte treffen kann. Viele Kunden gehen darauf ein und versäumen es so, ein besseres Angebot zu erhalten. Sagen Sie nichts, geben Sie ihm kein Futter, keine Zahl an die Hand! Er wird ein weiteres Angebot machen. "Auch dieser Preis ist mir zu hoch, das kann doch nicht ihr letztes Wort sein", können Sie antworten. Warten Sie ab, nennen Sie keine Zahl, er wird sich noch bewegen. Vielleicht tut er das schon, indem er nervös auf dem Stuhl hin und her rutscht. Diese Bewegung sollte Sie auch nicht beeindrucken, viele Verkäufer verwenden diese Masche, um deutlich zu machen, wie schwer es für ihn ist, im Preis noch nachzugeben. Er wird eine weitere Zahl nennen, die uns auch nicht gefällt. Was ist denn jetzt noch, das ist ein super Angebot? Jetzt können Sie noch einen Preis darunter nennen, um sich dann in der Mitte zu treffen. Oder Sie sagen ihm, dass Sie ein anderes Angebot haben. Sie sollten hier nicht zu hoch zocken, sonst kann es passieren, dass Sie ein wirklich gutes Angebot nicht wahrnehmen können. Wenn er sich nämlich nicht mehr bewegt, bewegen kann, dann haben Sie die schlechten Karten und müssten sich als Lügner outen.

Der andere Kollege, der sofort mit dem maximalen Angebot ankam, was tun wir mit dem? Da funktioniert es genauso. Nur kann es hier ein weiteres Problem geben. Er hat seine Grenze erreicht und kann alleine nicht mehr Rabatt geben, er muss erst fragen. Wen er fragt, ist vollkommen egal. Wenn er wieder kommt und ein besseres Angebot vorlegt, geht's weiter wie oben. Nur wird er dann dauernd unterwegs sein zu seinem Vorgesetzten, das heißt, die Verhandlung kann sich ziehen. Entweder wird sich der Verkaufsleiter nun selbst in das Geschäft direkt einschalten oder Sie verlangen nach ihm. Verhandeln Sie dort weiter. Wir erinnern uns, das ist der Verkäufer mit wenig Drive und einem mangelhaften Wissen. Was können Sie hier verlieren, wenn es nicht zum Abschluss kommt? In diesem Betrieb funktioniert die "Masche" mit dem besseren Angebot von der Konkurrenz am besten. Üblicherweise handelt es sich um ein Unternehmen, das, um jede Einheit, um jeden Preis kämpft, warum sollte das jetzt anders sein?

Er hat nun ein wirklich gutes Angebot gemacht, aber ein Angebot aus dem Internet ist noch besser! Was tun? Sprechen Sie mit ihm darüber, ganz offen und ohne Druck. So wie das bisher lief, mit der Beratung, Fahrzeugauswahl und seinem Engagement kann man doch zufrieden sein. Also was tun, wenn er nicht mehr kann? Akzeptieren Sie! Wenn sonst alles passt! Über die möglichen Probleme beim Kauf im Internet haben wir schon gesprochen, wägen Sie ab.

Sie sollten nie, während der gesamten Beratung, einen harten Ton angehen. Das bringt nichts, wird nur die Fronten verhärten und zu keinem vernünftigen Ergebnis führen.

Es gibt schon Kunden, die denken, wenn sie ordentlich auf den Putz hauen und auftreten wie Graf Koks, dann haben die Autohäusler zu springen. Die sollen froh sein, wenn er überhaupt ihr Haus betritt. So geht das nicht! Die Leute im Autohaus haben keinen einfachen Job, vor allem nicht, wenn sie ihn ernst nehmen, diese Art und Weise muss nicht sein.

Weiter mit der Finanzierung

Sie haben nun ein Angebot vorliegen für Barzahler, so sind Sie bisher aufgetreten und so wurde verhandelt. Nun fragen Sie ganz beiläufig, wie das denn mit der Finanzierung aussieht. Die Finanzierung, die an jedem Auto angepriesen wird, die mit den 2,9% Zins. Können sie mir das erklären? Natürlich kann er! Achten Sie auf seine Reaktion. Ist er erschrocken oder unbeeindruckt? Wie geht es weiter? Nimmt er die Zahlen aus dem Angebot und errechnet er eine Rate oder erzählt er Ihnen, dass er bei dieser Finanzierung den Preis für den Wagen so nicht halten kann, weil es eine Beteiligung für den Händler an den Zinsen gibt, die nicht zu knapp ist. Lassen Sie sich das neue Angebot nennen, ohne auf das Erste zu verzichten, das bleibt erst mal bestehen, Sie wollen ja nur eine Alternative.

Es muss nicht in jedem Fall sein, dass er eine Beteiligung hat, vielleicht möchte er auf diesen Weg nur etwas mehr von seiner Provision retten. Das ist nur legitim, jeder sieht nach seinem Hemd zuerst.

Sprechen Sie mit ihm über dieses Thema, über die Höhe der Belastung und stellen Sie dann die Berechnung an, so wie oben ausführlich beschrieben. Der andere Weg ist der, nach einem Zins zu fragen ohne Beteiligung fürs Haus. Und dann wird wieder gerechnet so wie oben. Sie wissen schon, den Zins bei den unterschiedlichen Zinssätzen berechnen und dann vergleichen. Das ist für den Verkäufer kein Problem und geht ganz schnell. Die Unterschiede beim Rabatt dürfen Sie nicht vergessen! Entscheiden Sie sich dann für die günstigere Alternative. Es gibt aber noch eine Möglichkeit. Gehen Sie mit dem Finanzierungsangebot zu Ihrer Bank und sprechen Sie mit denen. Mal schauen, was dabei rauskommt?

Auftragsbestätigung

Es kann auch passieren, dass der schwache Verkäufer akzeptiert und die Beteiligung verschweigt, vergisst, gar nicht weiß und mit den Zahlen für ein Bargeschäft rechnet. Soweit nicht schlecht. Aber was ist, wenn das Haus diesen Vertrag nicht akzeptiert? Dann steht wieder alles auf Anfang. Außer, Sie bekommen mit Ihrer Unterschrift gleichzeitig die Bestätigung vom Haus, den Auftrag anzunehmen. Das ist eine verbindliche Unterschrift, die ein Zuständiger geben muss. Meistens bekommen Sie diese Bestätigung, nennt sich Auftragsbestätigung, aber mit der Post, in der die vereinbarten Bedingungen aufgeführt sind. Sehen Sie die gut durch, hier können Sie noch widersprechen, wenn der Umfang nicht der Vereinbarung entspricht. Der Liefertermin, sowieso unverbindlich, ist plötzlich acht Wochen später, die Rate um zwei Euro höher, der Preis für den Gebrauchten um 1.000 Euro niedriger. Wenn Sie nicht innerhalb einer kurzen Frist widersprechen, schriftlich, dann wird dieses Angebot Bestandteil des Vertrags und Sie müssen zu den neuen Konditionen abnehmen. Selbst dann, wenn Sie ein blaues Auto bestellt haben und ein gelbes geliefert wird.

Aktionen – Sonderangebote – alternatives Angebot

Es gibt immer wieder "Aktionen und Sonderangebote", Jahres- oder Werkswagen und Tageszulassungen, um den Markt anzukurbeln. Die kurbeln nun schon seit Jahren, und wenn man den Zahlen glauben darf, dann mit wenig Erfolg. Ihnen als Kunde kann das nur recht sein. Jedenfalls auf den ersten Blick. Durch die geringen Margen verdienen die Händler und die Hersteller nichts mehr oder nur wenig. Das können Sie in den Nachrichten lesen, wenn wieder ein Hersteller Stellen abbaut oder ein Autohaus schließt. Worauf Sie bei der finanziellen Seite achten müssen, darüber haben wir schon gesprochen. Auch die Fahrzeuge selbst haben wir eingehend besprochen.

Was will er jetzt? Sie kommen mit dem Verkäufer mit dem Preis nicht zurecht. Was tut er dann? Wünscht er Ihnen noch einen schönen Tag oder bietet er eine Alternative an in Form eines dieser Wagen? Warum sollen Sie sich nicht damit befassen? Es gibt an diesen Wagen normalerweise nichts auszusetzen. Sie erkennen aber hier den Verkäufer, der wirklich bemüht ist, Sie als Kunden zu gewinnen, und er wird in Zukunft auch dafür sorgen, dass Sie es bleiben. Ein vernünftiger Ansprechpartner im Autohaus kann Gold wert sein und ein paar Hundert Euro.

Wie weit ist das Auto von Ihrer Vorstellung entfernt, das er als Alternative anbietet? Sie sprechen dauernd über ein blaues Auto, er kommt mit einem weißen. Ein Schwarzes oder ein Grünes käme eher infrage. Die Sportausstattung muss unbedingt sein, dass haben Sie ganz klar besprochen. Er kommt mit der Komfortausstattung. Selbst wenn diese Wagen Ihrer preislichen Vorstellung entsprechen, überlegen Sie gut, was Sie tun! Es kann nicht sein, dass Ihnen regelmäßig schlecht wird, nur weil Sie zu Ihrem gelben Auto gehen!

Gilt bei diesen Wagen die Sonder-Finanzierung? Wenn nein, was kommt unter dem Strich dabei heraus? Regulärer Neuwagen Zinssatz 1,9%, Werkswagen 8,9%, das würde sich rentieren zu rechnen. Wobei, wie wir schon gesehen haben, auch der Zins verhandelbar ist. Die Prämie für die Inzahlungnahme meines jetzigen Wagens, was ist damit? Geht auch nicht? Was soll dann dieses Angebot? Selbst wenn die Alternative noch um zwei- oder dreitausend Euro günstiger erscheint, unter dem Strich kann es sein, dass Sie schlechter fahren als mit einem Neuen, und haben ein gebrauchtes Auto.

Wie sieht es mit der Garantie aus? Wie lange läuft die noch? Bei einem Vorführ-, Jahres-, Werks-, Dienstwagen oder einer Tageszulassung? Gab es wesentliche Verbesserungen in der Zwischenzeit? Technischer Art oder in der Ausstattung? Ist dieses Modell in naher Zukunft als altes Modell erkennbar? Wenn das so ist und Sie diesen Wagen nur relativ kurz, zwei bis drei Jahre, fahren wollen, dann sollten Sie besser die Finger davon lassen. Wenn Sie ihn aber länger als drei Jahre fahren wollen, dann sollten Sie hier ein Schnäppchen machen.

Wie gut haben Sie vorher verhandelt? Das wird sich jetzt zeigen! Sie haben einen Referenzpreis für den neuen. Man spricht allgemein von Rabatten bis zu 30% bei einem dieser zugelassenen Aktionswagen. Sprechen Sie darüber mit dem Verkäufer, sagen Sie ihm das. Nur keine Scheu! Selbst wenn es sich hier um ein Fabrikat handelt, das nicht ganz so verschwenderisch mit den Rabatten ist, dann hat der Verkäufer erst einmal eine Aufgabe zu bewältigen. Sie können immer noch reagieren, aber jetzt muss er erst mal zeigen, was geht. Sollte das Angebot nicht deutlich günstiger sein als bei einem Neuwagen, dann können Sie immer noch zu diesem Angebot zurück.

Oder Sie zeigen sich mit keinem dieser Angebote einverstanden und machen sich auf den Weg das Haus zu verlassen. Vielleicht findet er auf dem Weg zur Tür noch ein paar Euro oder wie so oft einen Satz Winterreifen mit Felgen beispielsweise.

Gebrauchtwagenbewertung

Sie sind sich mit dem Auto sicher und haben einen Barzahlerpreis ausgehandelt.

Hierzu noch eine kurze Anmerkung: Unter Barzahlerpreis verstehen die meisten Händler, dass kein Wagen Inzahlung gegeben wird. Das ist nicht nur als Begriff Blödsinn, sondern auch als Taktik. Es ist vollkommen egal, ob Sie einen Wagen Inzahlung geben oder nicht. Diese Geschäfte sind getrennt, eigenständig zu bewerten. Warum soll es weniger Nachlass geben, nur weil ich ein Auto zurückgebe? Das ist ein Autohaus, die Handelsware sind Autos, neu und gebraucht. Eigentlich sollten die froh sein, wenn sie ein Fahrzeug in die Ausstellung bekommen. Wenn der Handel es richtig macht, dann verdient er auch mit den Gebrauchten Geld, wenn nicht, dann kann es nicht Ihr Fehler sein.

Nun geht es um den Gebrauchten, für den **Sie nur zur Sicherheit**, ein **verbindliches Angebot** möchten. Hier gibt es folgenden Ablauf: Ihr Wagen wird erst in der Werkstatt auf mögliche Mängel untersucht, dann wird vom Verkäufer am Computer eine wirtschaftliche Berechnung, sprich Preisermittlung durchgeführt.

Bei der technischen Bewertung ist es günstig für Sie, wenn Sie anwesend sind oder nicht? Günstig in dem Fall, dass Sie die Mängel sehen können und erklärt bekommen. Ungünstig in der Verhandlung, weil der Verkäufer Ihnen die Mängel präsentiert hat und Sie jetzt schlecht leugnen können. Auch der Preis für die Reparaturen wird ermittelt, der steht so weit auch fest.

Anwesend bei der technischen Bewertung

Betrachten wir die zwei Möglichkeiten in der Praxis, beginnen wir mit Ihrer Anwesenheit bei der Bewertung. Der Meister stellt fest, dass verschiedene Mängel vorhanden sind. Jetzt können Sie mit Fragen den einen oder anderen Mangel noch günstiger gestalten. Warum muss der Auspuff erneuert werden, so schlecht sieht der doch nicht aus, außerdem habe ich den erst kürzlich bei ihnen einbauen lassen? Was ist mit den Bremsen? Beim Kundendienst vor Kurzem war noch alles in Ordnung. Von einem Zahnriemen haben sie aber nichts erzählt. Wenn sie so viele Reparaturen finden, dann kann ich mir keinen neuen Wagen kaufen. Das ist ein Weg, wenn Sie bei der Bewertung dabei sind.

Außerdem haben Sie an dieser Stelle die Möglichkeit, direkt auf die Reparaturkosten einzuwirken. Das kann doch nicht so teuer sein, das geht doch bestimmt günstiger. Ich habe von meinem Freund gehört, ein Kunde von ihnen, dass dieser Betrieb sehr günstig repariert, deshalb bin ich jetzt hier, da kann man doch sicher noch etwas machen. Bei der letzten Reparatur kamen sie mir auch entgegen, da waren die Teile günstiger.

Fragen Sie nach den Kosten für die Aufbereitung Ihres Fahrzeugs. Lassen Sie sich das zeigen, es gibt Betriebe, die mit Mondpreisen arbeiten. Ein Betrag bis € 200 ist soweit in Ordnung, wenn Ihr Auto einem normalen Zustand entspricht und nicht schon von einem Profi in Ihrem Auftrag perfekt aufbereitet wurde. Es gibt Firmen die einen Betrag von € 500 und mehr ansetzten. Lassen Sie sich das nicht gefallen! Selbst wenn Ihr Auto unter aller Kanone aussieht, dieser Preis ist zu hoch. Beim Standardprogramm in der Aufbereitung sind viele Schönheitsfehler enthalten. Sollten Sie einen Hund im Auto gehabt haben und die Haare nicht regelmäßig entfernt haben, dann wird es schon schwieriger. Das ist zwar eine schwierige Arbeit, kostet aber keine € 300. Sollte Ihr Auto besonders gut aussehen und gepflegt sein, dann können Sie auch noch wegen der € 200 diskutieren und versuchen den Preis zu drücken. Sollten an der Karosserie oder im Innenraum Schäden sein, dann hat das nichts mit Aufbereitung zu tun, sondern mit einer Reparatur. Diese Posten finden Sie gesondert bei den Reparaturkosten, werden also extra verrechnet.

Diese Art funktioniert am besten, wenn man zu den Leuten nett und freundlich ist und nicht wie ein Gebieter durch die Hallen rauscht.

Fragen Sie an Ort und Stelle nach den Kosten insgesamt. Reagieren Sie bei der Summe auf jeden Fall erschrocken, das kann doch nicht sein, so viel? Der Meister, Bewerter, hat die Möglichkeit, einen Paketpreis zu kalkulieren. Das sollte günstiger sein als einzelne Positionen. Noch ein wichtiger Punkt: Achten Sie auf die Verbindlichkeit dieses Angebots. Wenn Sie den Wagen doch weiter fahren wollen, dann werden diese Reparaturen fällig. Wenn Sie hier einen guten, verbindlichen Preis aushandeln, dann kommt Ihnen das später bei den Reparaturkosten zugute. Allerdings sollten Sie nicht zu lange warten, sondern bald auf das Angebot zurückkommen, sonst beruft er sich auf die Verjährung, die schon nach kurzer Zeit eintreten kann. Dieses Reparaturkostenangebot sollte auch alleine gelten, ohne den Kauf eines Wagens, vereinbaren Sie das mit dem Meister.

Technische Bewertung ohne Sie

Wenn Sie schon wissen, dass Ihr Wagen nur noch Schrott ist oder hohe Reparaturkosten anstehen, dann sollten Sie vermeiden, bei der Bewertung anwesend zu sein. Sie können sich dann auf Nichtwissen berufen und alles leugnen. Mein Auto läuft so gut, sie wollen es nur schlecht machen. Ich bin immer bei ihnen in der Werkstatt, wenn sie nun so viele Mängel finden, dann sollte ich mir mal Gedanken über ihre Werkstatt machen. Ich war erst bei der Hauptuntersuchung, die Plakette bekam ich beim ersten Mal, da war alles in Ordnung. Ich habe den Wagen erst vor Kurzem bei ihnen gekauft, dass der so viele Mängel hat, haben sie mir verschwiegen.

Die Begriffe, vor allem in Zusammenhang mit dem Faktor Zeit sollten Sie nicht so eng sehen. Wenn der Termin des Kaufs schon zwei Jahre zurückliegt, dann ist das noch keine lange Zeit aus Ihrer Sicht, jedenfalls sollten Sie das so darstellen. Als ich das Auto bei ihnen kaufte, war er angeblich ganz toll und super in Schuss und jetzt das! Schieben Sie dem Verkäufer den Schwarzen Peter zu. Auch die Hauptuntersuchung war schon vor sechs Monaten, na und. Die Zeit vergeht so schnell. Gehen Sie auch hier gemäßigt vor, werden Sie nicht laut und persönlich. Ein leicht beleidigter Ton in der Stimme reicht schon.

Kaufmännische Bewertung am Computer

Kommen wir nun zur allseits sehr beliebten Preisfindung am Computer. Sehr beliebt beim Verkauf, weil alle Möglichkeiten zur Preisregulierung nach unten vorhanden sind, die auch sehr gern genutzt werden. Das kann bei einem Fahrzeug mit einem mittleren Wert von € 10.000 über € 4.000 ausmachen, also eine Spanne von 8.000 bis 12.000 Euro. Und damit ist noch nicht Schluss, die Korrektur nach unten ist damit noch nicht zu Ende.

Wie funktioniert das in der Praxis? Sie sitzen beide am Schreibtisch und er beginnt mit der Eingabe der Daten. Passen Sie auf, dass er sich nicht "vertippt", bei der Erstzulassung oder bei den Reparaturkosten. Sagen Sie ihm, wenn nicht sowieso möglich, ob Sie den Bildschirm mit betrachten können. So vermeiden Sie, dass er "zufällig" doch höhere Reparaturkosten eingibt als vorher vereinbart. Achten Sie darauf, weil Sie diese Daten später nicht mehr sehen, auf dem Ausdruck für den Kunden erscheinen die nicht mehr.

Dann geht es weiter zum Zustand des Fahrzeugs, auch hier kann er abwerten, um bis zu 5%, obwohl er Ihnen einen sehr guten Zustand bescheinigt. Sagen ist das eine, tun das andere. Auch über die Reifen kann er noch den Preis des Fahrzeugs reduzieren.

Dann kommt die Frage nach etwaigen Unfallschäden, vor allem solche, die bei der Bewertung nicht festgestellt wurden, festgestellt werden konnten. Antworten Sie wahrheitsgemäß, beschönigen Sie nicht im eigenen Interesse. Sie werden irgendwann ein Papier unterschreiben, auf dem Sie die genannten Angaben bestätigen, und sind auch in Zukunft verantwortlich. Die Berufung auf Nichtwissen, da kein Fachmann, gilt hier nicht. Auch die Aussage, dass Sie sich schon wunderten, dass die Reparatur eines Kotflügels € 8.000 teuer war, wird nicht helfen. Geben Sie den Schaden und vor allem die Kosten so genau wie möglich an.

Argumentieren können Sie trotzdem, um einen möglichen Abzug zu verhindern oder geringer zu gestalten. Das wurde doch ganz ordentlich in einer Fachwerkstatt repariert! Bei ihnen wurde die Reparatur durchgeführt, der ist wieder wie neu, wurde mir damals erzählt, stimmt das wohl nicht? Gibt es an der Reparatur etwas auszusetzen, dann zeigen sie mir das bitte? Ich hatte seitdem keine Probleme mit dem Wagen. Er ist dicht, es gibt keine Windgeräusche, was soll da sein? Ich wollte von der Versicherung eine

Wertminderung, war sogar vor Gericht, aber ein Gutachter hat die tadellose Reparatur bestätigt und das Gericht gab der Versicherung recht. Und was wollen sie jetzt, päpstlicher sein als der Papst?

Achten Sie trotz aller Argumente auf den Eintrag, zieht er etwas ab? Dann verhandeln Sie weiter. Geben Sie nicht so schnell auf! Achten Sie auf den korrekten Eintrag der Kosten!

Weiter geht es mit dem Zubehör. Hier gibt es eine Automatik, die den Preis für Zubehör errechnet. Da gibt es nach zwei Jahren für Leichtmetallfelgen mit einem Neupreis von 1.000 Euro noch ca. 10% des ursprünglichen Preises. Auch anderes Zubehör, wie Anhängekupplung, hochwertige Musikanlagen, Winterräder und eine Standheizung werden ähnlich bewertet. Haken Sie hier sofort ein. Er hat die Möglichkeit, die Preise manuell zu korrigieren, höher anzusetzen. Das wird zwar auch nicht sehr viel sein, weil Zubehör ja nichts Wert ist, außer wenn Sie es teuer kaufen, aber ein paar Euro, je nachdem wie gut Sie verhandeln, sind noch drin.

Andererseits ist die Aufregung groß, wenn Sie das Fahrzeug ohne Zubehör, das bei der Verhandlung bewertet wurde, anliefern, selbst behalten wollen. Dann ist es plötzlich eine Katastrophe, weil die Winterräder fehlen, die Sie bei Ihrem Zweitwagen verwenden können, in der Bewertung aber nur mit € 100 angesetzt wurden. Dann ist es plötzlich wieder sehr viel Wert und Sie werden zur Lieferung verdonnert.

Sollten Sie also mit dem Preis nicht zurechtkommen, dann sagen Sie ihm, dass Sie das Zubehör ausbauen werden, wenn er sowieso keinen Wert darauf legt. Behalten Sie es für den nächsten Wagen oder verkaufen Sie es, wenn die Ausbaukosten den Wert nicht übersteigen oder den Preis des Fahrzeugs zu arg reduzieren.

Sollten Sie ein Fahrzeug mit wenig oder ganz ohne Zubehör anbieten, dann passt ihm das auch nicht. "Ein Auto ohne Zubehör ist nicht zu verkaufen," werden Sie regelmäßig hören. Aber als Autohaus für Zubehör ordentlich bezahlen, so weit geht die Liebe dann doch nicht.

Eine weitere Möglichkeit der Preisreduzierung gibt es bei der Bewertung insgesamt. Hier hat er einen Spielraum von 80 bis 120%. Üblich ist heute ein Wert von 80%, der bei fast allen Wagen angesetzt wird. Dazu kommen noch oben erwähnte Korrekturen, eine Abwertung des teuren Zubehörs, sodass der Verkäufer immer auf der sicheren Seite zu sein glaubt.

Allerdings gibt es auch gute Häuser, die bei gängigen Fahrzeugen fair bewerten und in der Nähe von 100% liegen. Es gibt natürlich auch Ausreißer bei den Fahrzeugen, die sehr schwer zu vermarkten sind, weil sie eben keiner will. Sollten Sie so ein Fahrzeug haben, dann wird es wohl in erster Linie darauf ankommen, überhaupt einen Händler zu finden, der diesen Wagen nimmt. Wir haben dieses Thema schon behandelt, es geht um Fahrzeuge, die mit sehr viel Geld der Hersteller und Händler in den Markt gepresst werden.

Allerdings arbeiten wir noch unter der Überschrift, dass wir nur interessehalber ein Angebot möchten, weil wir ja unser Fahrzeug selbst vermarkten wollen. Es kann ihm also egal sein, wie hoch er bewertet. Sagen Sie ihm das! Vielleicht fällt er darauf herein. Wenn Sie das Fahrzeug dann doch Inzahlung geben, haben Sie wenigstens eine höhere Basis für die Verhandlung, wenn er dann zu motzen beginnt, weil die Bewertung unter anderen Voraussetzungen zustande kam. Vielleicht akzeptiert er auch klaglos, um diesen schwierigen Kunden endlich zu Papier zu bringen?

Preisverhandlung Inzahlungnahme

Wie kommen Sie nun aber zu einem Angebot, zu einem verbindlichen? Selbst wenn er bei der Bewertung am PC Ihren Vorgaben und Korrekturen folgte, gibt es noch einen Spielraum nach oben, je nachdem welches Fahrzeug Sie fahren und wie der Zustand ist. Sollte der Zustand nicht so gut und die Begehrlichkeit am Markt für Ihr Fahrzeug nicht so hoch sein, lassen Sie sich nicht davon beeindrucken. Fragen Sie nach seinem Preis, nach seinem Angebot, im Fall der Fälle. Er wird Ihnen zuerst den Preis aus der Bewertung nennen und auf Ihre Reaktion warten. Es geht weiter wie oben: "Mehr ist mein wunderschönes Auto nicht wert, das kann doch nicht sein, vergessen sie nicht, dass ich bei ihnen ein Auto kaufe." Jetzt kommt es darauf an, wie gut Sie bei der Bewertung am PC wirklich wahren. Es kann durchaus sein, dass er tatsächlich schon am Limit ist, das sollten Sie erkannt haben, wenn Sie sich vorher über die Preise informiert haben. Wie gut ist das Angebot wirklich?

Aber ein paar Euro hat er immer noch in der Tasche. Er kann bei den Reparaturkosten die internen niedrigeren Preise ansetzen, er kann den sehr guten Zustand noch extra bewerten, er kann für das Zubehör noch einen höheren Betrag ansetzen, er hat noch einige Möglichkeiten, um den Preis nach oben zu korrigieren. Er ist frei in seiner Preisfindung und nicht Sklave des Computers oder Programms.

Achten Sie genau auf seine Mimik, Sie werden erkennen, wenn er wirklich am Ende ist. Dann sollten Sie, um die Stimmung nicht zu vermiesen, akzeptieren.

Dann muss diese Zahl noch aufgeschrieben werden, am besten auf der Kopie der Bewertung, die Sie extra verlangen sollten! Diese Formulare werden nicht gern aus der Hand gegeben, um der Konkurrenz nicht in die Karten zu spielen, Sie mit seinem Angebot hausieren gehen. Aber bitten Sie um ein Exemplar, das ist kein Problem. Am besten noch den kompletten Satz, nicht nur das Blatt mit dem Ankaufspreis, sondern auch die technische Bewertung des Wagens und der Reparaturkosten. Bitten Sie ihn um seine Signatur zur Bestätigung des Angebots. Sollte er eine Klausel einsetzen, nicht verbindlich, nur zur Info für den Kunden, dann fragen Sie, was er denn zahlen würde, wenn Sie den Wagen aus unvorhersehbaren Ereignissen doch ihm überlassen würden. Dann kann das Spiel wie oben von vorne beginnen.

Abschluss mit Finanzierung und Gebrauchtwageninzahlungnahme

Die Preisverhandlung als Barzahler haben wir schon besprochen. Kommen wir nun zu dem Punkt, den Sie von Anfang an verfolgten: einen Kauf mit der günstigen Finanzierung und der Inzahlungnahme Ihres Wagens.

Da Sie mit dem Verkäufer bereits am Schreibtisch sitzen und Ihren Gebrauchtwagen bewertet haben, wird von ihm die Frage nach dem Abschluss kommen. Aber warten Sie nicht unbedingt darauf. Es gibt sehr viele Verkäufer, die können das nicht. Die kommen nicht zum Punkt. Die beginnen noch einmal mit der Beratung, die stellen noch alle möglichen Fragen und hoffen auf den Kunden, der da sagt: „Ich will das Auto." Sollten Sie so einen erwischt haben, dann macht es die Sache nicht unbedingt einfacher, leichter.

Entweder Sie oder der Verkäufer kommen auf dieses Thema zu sprechen. Sagen sie mir bitte, wie würde das jetzt aussehen, wenn ich mich für den Wagen entscheiden würde? Dann legt er los. So wie wir das vorhin besprochen haben. Der Preis ist doch schon verhandelt und den kennen sie auch.

Mich würde aber jetzt doch noch die Finanzierung interessieren. Was können sie da tun, wie würde das aussehen? Es gibt doch das Angebot mit 2,9% Zins. Das interessiert mich. Es geht dann um die Höhe der Anzahlung oder sogar ohne, entscheiden Sie, wie das aussehen soll.

Jetzt kann er noch die bekannten Einwände bringen, die wir schon bearbeitet haben. Da gibt es eine Beteiligung, der Barzahlerpreis gilt hier nicht, ich kann den Preis so nicht halten oder er geht zu seinem Chef, weil er nicht mehr vorankommt.

Bestehen Sie erst mal auf das erste Angebot als Barzahler, wer sagt, dass er überhaupt eine Beteiligung hat? Das können Sie am besten herausfinden, wenn Sie noch zu einem anderen Händler gehen, die Zahlen vorstellen und Fragen, ob er besser ist. Nicht fragen, ob er das auch kann, sondern ob er besser ist. Hier können Sie alle Preise in den Ring werfen. Den Barzahlerpreis, die Finanzierung und die Summe für Ihren Gebrauchten. Notieren Sie sich die Zahlen separat, zeigen Sie nicht die originalen Angebote, sonst entfachen Sie hier einen Krieg, den Sie nicht wollen. Wenn er Ihnen nicht glaubt, dann können Sie Ihre Glaubwürdigkeit durch Verlassen der ungastlichen Stätte unterstreichen. Sie sehen seine Reaktion, gehen Sie oder bleiben Sie, je nachdem wie sie ausfällt.

Zurück zum ersten Verkäufer. Sie können zum Beispiel fragen, ob das nur bei ihm nicht geht oder allgemein nicht möglich ist. Wir wollen hier nicht provozieren, nur darstellen, ohne es deutlich zu sagen, dass es noch die Möglichkeit gibt, sich woanders zu informieren.

Wie Sie zum besten Ergebnis kommen, haben wir schon besprochen. Eine Finanzierung ohne Beteiligung und ein hoher Nachlass oder umgekehrt, kann ein sehr gutes Geschäft sein.

"Wie sieht es den mit meinem Auto aus? Stehen sie da wenigstens zu ihrem Angebot?" „Warum?", wird er fragen. "Wenn ich jetzt doch mein Auto bei ihnen lasse, obwohl mir der Preis nicht so gut gefällt, stehen sie dann zu ihrem Angebot?" "Bisher wollten sie den Wagen doch selbst vermarkten oder nicht?" "Es kann sein, dass mein Interessent abspringt, weil er von seinem Schwiegervater einen Wagen übernehmen kann, der kostet nichts. Außerdem möchte er mit seinem Schwiegervater keinen Ärger, sie verstehen doch. Trotzdem möchte ich mir die Möglichkeit offen halten meinen Wagen selbst zu verkaufen, das geht doch oder?"

"Diesen Preis kann ich nicht halten, unmöglich". Spätestens jetzt sollten Sie sich freundlich verabschieden.

Gebrauchtwagenkaufverhandlung

Viele der Themen und Vorgehensweisen aus dem Kapitel mit den Neuwagen können Sie hier genauso anwenden. Die Preisverhandlung, die Finanzierung und die Inzahlungnahme Ihres Wagens funktionieren eins zu eins.

Was ist aber der Unterschied zum Kauf eines Gebrauchten? Der Zustand des Wagens für den Sie sich interessieren und die Preisverhandlung kann anders aufgezogen werden, da Ihr Gegenüber den Preis selbst bestimmt, beziehungsweise "kalkuliert." Kalkuliert in Anführungszeichen, weil das oft mit einer Kalkulation nicht viel zu tun hat. Das ist wie bei Loriot und dem Eierkochen. Es geht meist nach Gefühl, das oft nicht stimmt.

Sie können sich das nicht vorstellen? Sehen Sie im Internet nach und Sie werden erkennen, dass es für ein und dasselbe Fahrzeug die unterschiedlichsten Preise gibt. Und dabei kalkulieren fast alle mit DAT oder Schwacke, haben also die gleichen Grundlagen. Bei den Privaten ist das aber nicht so! Warum nicht? Die orientieren sich am Markt und kommen so zu ihrem Preis.

Was hilft Ihnen diese Erkenntnis? Dass es oft noch Spielraum gibt, den Sie nutzen sollten. Wie geht das?

Wenn Sie sich einen Wagen ausgesucht haben, dann tun Sie möglichst uninteressiert, halten Sie sich mit Ihrer Begeisterung zurück. Fahren Sie den Wagen Probe und besichtigen Sie ihn sehr genau, am besten mit einem Fachmann oder wenigstens einer Begleitung. Nach der Probefahrt können Sie nach einem komischen Geräusch fragen, das Ihr bisheriger Wagen nicht hat, Sie können sagen, dass Sie den Eindruck haben, dass das Auto zur Seite zieht, nicht ordentlich in der Spur läuft, vor allem beim Bremsen. Sehen Sie sich vor der Probefahrt die Bremsscheiben an, wenn die verrostet sind, dann zieht dieses Argument besonders gut, außerdem hat der Verkäufer Angst, dass Sie nach der Standzeit fragen, die auch in diesem Zusammenhang kommen sollte.

Besichtigen Sie das Fahrzeug auf der Bühne. Wenn Sie ordentlich Leistung verlangen, dann können Sie auch hier den Fleiß des Verkäufers beurteilen. Wenn er hier schon keine Lust hat, vor dem Kauf, wie geht es nachher weiter? Lassen Sie sich alles erklären! Der Rost am Auspuff kann kein Problem darstellen, weil die eben nach einer gewissen Zeit alle etwas rosten, fragen Sie trotzdem und lassen Sie sich das erklären. Wie sehen die Reifen aus? Sind die noch in Ordnung? Die sind neu! Welches Fabrikat haben die verbaut? Einen Toschiwaschi irgendwie, oder einen bekannten Markenreifen? Bei diesem Thema können Sie die Qualität der Reparatur erkennen, die das Haus seinen Gebrauchtwagen zukommen lässt. Werden Originalteile verbaut oder billiger Ramsch?

Wir wollen das Thema Technik hier nicht zu sehr vertiefen, da wir uns schon ausführlich damit beschäftigt haben.

Weiter geht's mit der Preisverhandlung. Wie gesagt, der Ablauf der Inzahlungnahme Ihres Fahrzeugs ist derselbe. Bereiten Sie sich vor. Suchen Sie nach vergleichbaren Angeboten im Internet oder bei Händlern vor Ort. Halten Sie die Info der Inzahlungnahme im Hintergrund, bis Sie merken, dass er mit dem Preis nicht mehr weiter runtergeht.

Wie sieht es aus lieber Kunde, wann wollen sie den Wagen haben? Wann kann ich ihn denn haben und zu welchem Preis? So wie er dasteht, ist er viel zu teuer, was können sie da noch tun? Tut mir leid, da geht nichts mehr? Trotz aller Mängel, Kratzer und Beulen, die wir festgestellt haben, bleibt der Preis? Sie wollten mir doch noch sagen, wie lange der Wagen schon steht. Außerdem ist er nicht die erste Wahl, ich muss doch viele Zugeständnisse machen bei der Farbe und bei der Ausstattung. Wenn im Preis nichts mehr geht, dann muss ich mir das noch einmal überlegen, vielleicht finde ich doch noch woanders meinen Wunschwagen.

Jetzt wird er einen Preis nennen oder stur bei seinem Angebot bleiben. Das ist mir zu wenig Rabatt, den sie mir bieten. Können sie nicht noch einmal in sich gehen, wo wir uns doch so gut verstehen und ich gerne bei ihnen kaufen würde? Da kann ich leider nichts mehr tun. Was können Sie sonst tun, aushandeln, wenn schon beim Preis nichts mehr geht? Wie sieht es aus mit einer Anhängekupplung, einem Satz Winterreifen und Alufelgen? Was soll ich mit einer Anhängekupplung, die kann ich nicht brauchen? Das mag sein, suchen Sie sich etwas anderes aus. Der Vorteil einer Anhängekupplung in der Preisverhandlung ist der, dass sie recht kostenintensiv ist. Hoher Materialpreis und relativ, je nach Fabrikat, lange Einbauzeit. Wenn er Ihnen die noch zusagt, dann fragen Sie nach dem Preis für dieses Teil, den soll er dann noch abziehen, weil Ihnen Ihr Schwager die Kupplung einbauen kann. So sehen Sie, dass er doch noch Spielraum hat. Wahrscheinlich, gewiss sogar, wird er nicht den gesamten Preis abziehen können, sondern nur einen Teil wegen der internen Kalkulation, aber auch ein geringerer Betrag ist ein Betrag, der den Preis reduziert. Sie können es auch mit einer Standheizung versuchen, die ist auch sehr teuer. Vielleicht kann er die nicht umsonst anbieten, aber zum Vorzugspreis. Dann wieder wie oben, diesen Preis, die Differenz vom Fahrzeugpreis abziehen. Was tun, wenn er sich hier sträubt und den Naturalrabatt nicht in Geld verrechnen will?

Fragen Sie ihn nach den Gründen. Es bleibt sich gleich, ob er eine Rechnung der Werkstatt bezahlt oder den Betrag Ihnen verrechnet. Wo wäre der Unterschied? Vielleicht handelt es sich um einen Betrieb, der es mit der internen Verrechnung nicht so genau nimmt, der Verkauf seine Aufträge nicht bezahlt, das wäre ein Argument. Das hat aber nichts mit Ihnen zu tun, wenn die die interne Verrechnung schlampig abwickeln.

Garantie und Gewährleistung

Welche Leistungen sind bei diesem Angebot noch dabei? Wie ist das mit der Gewährleistung? Wie lange geht die, was wird gewährleistet und welche Bauteile? Wo gilt die? Nur bei diesem Händler oder in ganz Europa? Welche Vorgaben muss ich erfüllen, um die Leistung nicht zu verlieren? Kundendienst nach Herstellervorschrift oder gibt es eigene Regeln für diese Gewährleistung? Gibt es eine Beteiligung für den Kunden an den Reparaturen? In welcher Höhe, in welcher Staffel? Nach Kilometer oder nach Zeit geregelt? Bleibe ich im Garantiefall mobil, kostenlos?

Übergabeinspektion

Was passiert mit dem Wagen vor der Auslieferung? Werden meine Beanstandungen noch repariert, auf Kosten des Hauses, oder muss ich mich selbst darum kümmern. Haupt- und Abgasuntersuchung wird erledigt, obwohl er noch sechs Monate hat. Je älter ein Fahrzeug, umso wichtiger diese Untersuchungen. Auch die Abgasuntersuchung ist sehr wichtig, da hier die

Abgasreinigung geprüft wird und bei einem Defekt hohe Kosten verursacht, der Katalysator zum Beispiel. Wo steht geschrieben, was noch gemacht wird?

Welche Art von Reparatur kann ich erwarten, verlangen? Werden originale Neuteile verbaut oder aus dem billigen Zubehörangebot? Wie sieht das aus mit gebrauchten Teilen? Dürfen die verbaut werden? Es kommt darauf an, was vereinbart wurde. Es richtet sich natürlich auch nach dem Alter und dem Kilometerstand des Wagens, den Sie kaufen. Zeitwertgerechte Reparatur heißt das. Achten Sie darauf, dass sich die Gewährleistung auch auf diese Teile bezieht und nicht ausgeschlossen werden. Er kann die nicht ausschließen? Warum nicht? Er legt Ihnen einen Auftrag vor, mit dem Sie die Reparatur mit gebrauchten Teilen in Auftrag geben. Dann kann er die Gewährleistung ausschließen. Es verhält sich so, als wenn Sie bei Ihrem Wagen gebrauchte Teile verbauen lassen, da wird er auch die Gewährleistung ausschließen. Dieses Thema spielt in der Praxis keine große Rolle, weil es oft sehr mühsam und kostspielig ist, gebrauchte Teile zu besorgen, es rentiert sich in der Regel für das Unternehmen nicht. Aufpassen sollten Sie trotzdem, weil es danach um Ihr Geld geht. Vereinbaren Sie trotz allem eine gewisse Garantie, wenigstens für eine kurze Frist in der erkennbar ist, ob das verbaute Aggregat auch auf Dauer funktioniert.

Sollte er sich hier sträuben und keine Zusage machen wollen oder können, weil das die Werkstatt macht, dann sprechen Sie über die Reparaturen an dem Fahrzeug, das Sie Inzahlung geben wollen. Hier wurde mit Sicherheit mit

Originalteilen kalkuliert. Konfrontieren Sie ihn damit! Die Kalkulation bei Hereinnahme des Wagens, den Sie jetzt kaufen wollen, sieht aus wie die von Ihrem, berechnet mit Originalteilen. Natürlich kann er sagen, das geht Sie gar nichts an, wie wir kalkulieren. Das sollte es dann aber auch gewesen sein. Selbst wenn er jetzt noch die Reparatur nach Herstellervorgaben verspricht, wie wollen Sie das prüfen? Er zeigt Ihnen die Schachtel von Original-Bremsbelägen, in welchem Fahrzeug wurden die verbaut?

Fazit

Achten Sie bei der Verhandlung darauf, nicht zu viele Informationen zu früh bekannt zu geben. Denken Sie immer daran, dass Sie der Kunde sind von dem das Autohaus, der Verkäufer abhängig ist. Bleiben Sie flexibel wenn möglich, das kann noch ein paar Euro oder Zugaben einbringen. Glauben Sie nicht den Angaben aus dem Computer, es, handelt sich hier nur um ein Programm, das vom Personal bedient, beeinflusst wird. Ein Angebot von einem anderen Händler, mit denselben Vorgaben, Programmen, wird anders aussehen.

Achten Sie darauf, dass 5,9% auch wirklich 5,9% sind. Prüfen Sie die Gebühren und Extra-Kosten. Lassen Sie alles verbindlich und schriftlich fixieren. Dann gibt es später wenig Ärger und Kosten.

Nun wünsche ich Ihnen noch viel Erfolg beim nächsten Kauf und viel Freude mit dem neuen Wagen.

Eine Bitte:

Sollte ihnen mein Buch gefallen haben, dann bitte ich Sie um eine Rezension bei Amazon.

Es gibt noch weitere Bücher von mir zu verschiedenen Themen, die finden Sie alle bei Amazon. Benutzen Sie einfach den folgenden Link oder geben Sie bei Amazon meinen Namen in der Suchleiste ein.

http://www.amazon.de/Johann-Kirschenhofer/e/B007GVDUIA

Autor:

Johann Kirschenhofer – auto.kaufen@aol.com

www.ingramcontent.com/pod-product-compliance
Lightning Source LLC
Chambersburg PA
CBHW020659220526
45464CB00001B/497